도파민 혁명
뇌 과학이 밝힌 행복과 성공의 10가지 비밀

도파민 혁명

뇌 과학이 밝힌 행복과 성공의 10가지 비밀

이기훈 지음

들어가는 말

한 시대를 풍미했던 록밴드의 리드 싱어가 마약 중독으로 쓸쓸히 생을 마감했다는 뉴스를 접한 적이 있습니다. 화려한 스포트라이트 뒤에 감춰진 고통과 외로움, 결국 약물에 의존하게 된 안타까운 사연이 뇌리에 깊이 남았습니다. 이처럼 우리는 종종 성공과 행복을 위해 쫓고 쫓기지만, 진정 우리를 움직이는 힘이 무엇인지 알지 못한 채 살아갑니다.

바로 우리 안에 숨어있던 열쇠, 도파민이 그 답을 쥐고 있었습니다. 도파민은 동기부여, 학습, 창의성, 그리고 행복에 이르기까지 우리의 삶에 지대한 영향을 미치는 물질입니다. 하지만 그 힘을 잘못 사용하면 중독이라는 늪에 빠져 헤어나오기 어려운 상황에 처할 수도 있습니다.

이 책에서는 도파민과 관련된 최신 뇌과학 연구 결과를 바탕으로, 도파민을 우리의 성공 파트너로 삼는 방법을 알려드리고자 합니다. 단순히 이론적인 지식 전달에 그치지 않고, 실생활에서 바로 활용할 수 있는 노하우를 담았습니다.

성공으로 가는 길에는 도파민이라는 든든한 지원군이 함께합니다. SMART 목표를 세우고 보상 시스템을 활용하여 동기부여를 이끌어내는 전략, 도파민 분비를 촉진하는 학습 환경 조성법과 간격 학습 기법으로 학습의 효과를 높이는 방법 등 도파민을 활용한 실용적인 성공 전략을 만나보실 수 있을 것입니다.

또한 창의력의 핵심 열쇠인 도파민의 비밀을 파헤쳐, 확산적 사고를 촉진하는 도파민의 역할과 창의적 활동을 통해 도파민을 자극하는 법을 알아봅니다. 더불어 도파민이 가진 양면성, 즉 중독의 문제에 대해서도 심도있게 살펴보고 건강한 도파민 활성화를 통해 중독을 예방하고 극복하는 방안도 제시하였습니다.

마지막으로 우리가 궁극적으로 추구하는 가치, 행복에 도달하는 길에서 도파민이 어떤 역할을 하는지 집중적으로 조명해봅니다. 일상에서 쉽게 실천할 수 있는 운동, 명상, 취미 활동 등을 통해 도파민을 깨워 행복감을 높이는 방법을 소개합니다. 뿐만 아니라 책 곳곳에 체크리스트를 배치하여 배운 내용을 생활 속에서 활용하며 나만의 도파민 훈련 루틴을 만들어갈 수 있도록 했습니다.

이제 도파민을 친구로 삼아 나의 잠재력을 깨우는 여정을 시작해보세요. 작은 실천들이 모여 큰 변화를 이끌어낼 수 있습니다. 도파민을 활용한 뇌과학 기반의 전략으로 성공과 행복에 다가가는 역동적인 인생을 만들어가시길 응원하겠습니다. 도파민과 함께 최고의 삶을 향해 나아가는 멋진 모습을 기대하며 이만 줄이겠습니다. 도파민 혁명과 함께 찬란하게 빛나는 당신의 미래가 기다리고 있습니다.

차례

Part 1

도파민 성공의 비밀을 밝히다

도파민, 성공으로 가는 화학 물질	022
동기부여의 뇌과학	026
도파민이 이끄는 학습의 혁명	030
창의성의 원동력, 도파민.	035
도파민, 중독의 양면성	041

Part 2

동기부여, 도파민으로 목표 달성하기

SMART 목표로 도파민 충전하기	052
보상 시스템으로 도파민 자극하기	056
작은 성공의 힘, 도파민 활성화하기	060
도파민 분비를 촉진하는 습관 만들기	065
동기부여를 위한 도파민 활용 체크리스트	070

◇◇◇◇◇◇
Part 3

뇌과학으로 학습 능력 향상시키기

시냅스 가소성과 도파민의 비밀　　　　　　　081
도파민 분비를 촉진하는 학습 환경 조성법　　085
간격 학습으로 도파민 자극하기　　　　　　　090
기억력 향상을 위한 도파민 활용 비법　　　　093
학습 능력 강화를 위한 도파민 활용 체크리스트　097

◇◇◇◇◇◇
Part 4

창의력의 샘, 도파민을 깨워라

확산적 사고와 도파민의 만남　　　　　　　　108
창의적 활동으로 도파민　　　　　　　　　　　113
자극하기 브레인스토밍과 마인드맵, 도파민의 힘　121
일상에서 실천하는 창의력 향상법　　　　　　127
창의력 향상을 위한 도파민 활용 체크리스트　　130

◇◇◇◇◇◇
Part 5

도파민 중독의 늪에서 벗어나기

중독 행동과 도파민의 악연	139
건강한 도파민 활성화로 중독 예방하기	141
중독 극복을 위한 대체 활동 찾기	144
도파민 중독, 전문적 도움으로 극복하기	147
중독 예방과 극복을 위한 도파민 조절 체크리스트	151

◇◇◇◇◇◇
Part 6

행복 호르몬, 도파민을 깨워라

스트레스와 도파민의 역학 관계	168
마음챙김과 명상으로 도파민 깨우기	173
웰빙을 위한 생활 습관과 도파민의 비밀	176
사회적 관계로 도파민 충전하기	182
행복 증진을 위한 도파민 활용 체크리스트	186

1장

도파민 성공의 비밀을 밝히다

도파민 성공의 비밀을 밝히다

도파민은 우리 삶의 질을 좌우하는 핵심 물질로, 동기부여, 집중력, 창의성 등 성공적인 삶을 사는 데 중요한 역할을 합니다. 이 장에서는 도파민과 성공의 관계에 대해 깊이 있게 살펴보고, 도파민을 효과적으로 활용하는 전략들을 소개하고자 합니다.

목표 달성의 원동력, 도파민

도파민은 목표 지향적 행동을 촉진하는 데 핵심적인 역할을 합니다. 우리가 가치 있는 목표를 설정하고 이를 향해 노력할 때, 뇌의 보상 회로가 활성화되면서 도파민이 분비됩니다. 이 과정에서 느끼는 성취감과 만족감은 다음에도 비슷한 행동을 반복하게 만드는 원동력이 됩니다. 따라서 도파민 분비를 촉진할 수 있는 효과적인 목표 설정 전략을 활용하는 것이 성공으로 가는 첫걸음이 될 수 있습니다.

먼저, 목표는 구체적이고 달성 가능한 것이어야 합니다. 모호하거나 비현실적인 목표는 도파민 분비를 저해할 수 있기 때문입니다. SMART 원칙에 따라 구체적 Specific, 측정 가능한 Measurable, 달성 가능한 Achievable, 관련성 있는 Relevant, 기한이 정해진 Time-bound 목표를 세우는 것이 좋습니다. 또한, 장기 목표를 작은 단위의 하위 목표로 나누어 달성해 나가는 것도 도파민 활성화에 효과적입니다. 큰 목표를 한 번에 이루려 하면 쉽게 지치고 포기하게 될 수 있습니

요소	설명	예시
구체적 (Specific)	명확하고 구체적인 목표를 설정합니다.	"체중을 줄이는 것" 대신 "5kg 감량하기"
측정 가능 (Measurable)	진행 상황을 측정할 수 있는 목표를 설정합니다.	"더 건강해지기" 대신 "주 3회 30분씩 운동하기"
달성 가능 (Achievable)	자원, 능력, 시간 등을 고려하여 실현 가능한 목표를 설정합니다.	"한 달 안에 완전히 새로운 기술 습득하기" 대신 "기초 과정 이수하기"
관련성 있음 (Relevant)	당신의 장기 목표와 일치하거나 중요한 목표를 설정합니다.	직업과 관련된 추가 자격증 취득
시간 기반 (Time-bound)	목표 달성을 위한 구체적인 시간 제한을 설정합니다.	"올해 안에 프로젝트 완료하기"

[SMART 목표 설정 방법]

단계	설명	예시
목표 설정	SMART 기준에 맞는 장기 목표를 설정합니다.	"5년 안에 부서장 되기"
계획 수립	목표 달성을 위해 필요한 작업과 활동을 구체적으로 나눕니다.	1. 업무 스킬 개발 2. 네트워킹 강화 3. 리더십 강화
우선순위 결정	가장 중요하거나 시급한 활동을 우선적으로 설정합니다.	리더십 과정 먼저 이수하기
일정 계획	각 활동을 시간에 맞게 스케줄합니다.	2024년 상반기: 리더십 과정 완료
실행 및 모니터링	계획을 실행하고 주기적으로 진행 상황을 검토하고 조정합니다.	매월 성과를 검토하고 필요시 계획 조정
평가 및 조정	달성 상태를 평가하고, 필요한 경우 계획을 수정합니다.	연말에 성과를 평가하고 추가 스킬 개발 계획

[장기 목표의 단계별 실행 계획]

다. 반면 작은 성취를 반복적으로 경험하면 도파민 분비량이 점진적으로 늘어나면서 동기부여가 강화됩니다. 따라서 장기 목표를 단기 목표로 분할하고, 단계적으로 달성해 나가는 전략을 활용해 보시기 바랍니다.

목표 달성 과정에서 적절한 보상 시스템을 활용하는 것도 도파민 분비 촉진에 도움이 됩니다. 목표를 이루었을 때 스스로에게 긍정적인 보상을 제공하는 습관을 들이면 뇌의 보상 회로가 강화되어 도파민 분비량이 늘어납니다. 다만 보상의 종류와 빈도는 신중하게 선택해야 합니다. 지나치게 자주, 과도한 보상을 하면 오히려 동기부여에 역효과를 초래할 수 있기 때문입니다. 도파민은 특히 새롭고 예측하지 못한 보상에 민감하게 반응합니다. 따라서 목표 달성 시 제공하는 보상의 종류를 다양화하고, 때로는 그 내용을 미리 공개하지 않는 것이 도파민 자극에 효과적일 수 있습니다. 이를 위해 보상 메뉴판을 작성하여 목표 달성 시 무작위로 하나를 선택하는 재미있는 방법을 활용해 볼 수 있습니다.

집중력의 열쇠, 도파민

도파민은 우리의 주의력과 집중력을 조절하는 데에도 중요한 역할을 합니다. 흥미롭고 가치 있는 과제에 도전할 때 도파민이 활발히 분비되면서 집중력이 높아지는 것은 자연스러운 현상입니다. 반면 지루하거나 의미 없다고 느끼는 일에는 도파민 분비량이 적어 집중하기 어려워집니다. 따라서 자신에게 적합한 도파민 촉진 환경을 조성하여 집중력을 극대화하는 것이 중요합니다.

집중력 향상을 위해서는 자신이 흥미를 느끼는 분야에서 도전적인 과제를 선택하는 것이 좋습니다. 적정 수준의 난이도를 지닌 과제는 도파민 분비를 촉진하여 몰입을 가능하게 합니다. 그러나 너무 쉬운 과제는 지루함을 유발하고, 너무 어려운 과제는 좌절감을 안겨주기 때문에 도파민 활성화에 부정적인 영향을 미칠 수 있습니다. 따라서 과제의 난이도를 점진적으로 높여가며 꾸준히 도전하는 것이 바람직합니다.

또한 명상이나 마음챙김 같은 뇌 훈련 방법을 통해 도파민 시스템을 강화하고 집중력을 기를 수 있습니다. 이러한 훈련을 통해 자극에 대한 반응성을 조절하고, 불필요한 생각이나 감정에 휩쓸리지 않고 과제에 온전히 몰두하는 능력을 기를 수 있습니다. 명상은 전두엽의 도파민 수용체 민감성을 높여 인지 기능 향상에도 도움을 줍니다.

과제 몰입도를 높이기 위한 실용적인 팁도 도움이 될 수 있습니다. 예를 들어 스마트폰 알림을 끄고, 조용하고 적당한 조명의 환경에서 작업을 진행하며, 25분 집중 후 5분 휴식하는 '뽀모도로 기법'을 활용하는 것이 도파민 활성화에 기여할 수 있습니다. 또한 종이에 할 일을 세분화하여 기록하고 달성 시 체크하는 아날로그적 방식도 성취감을 높이고 도파민 분비를 촉진하는 데 효과적입니다.

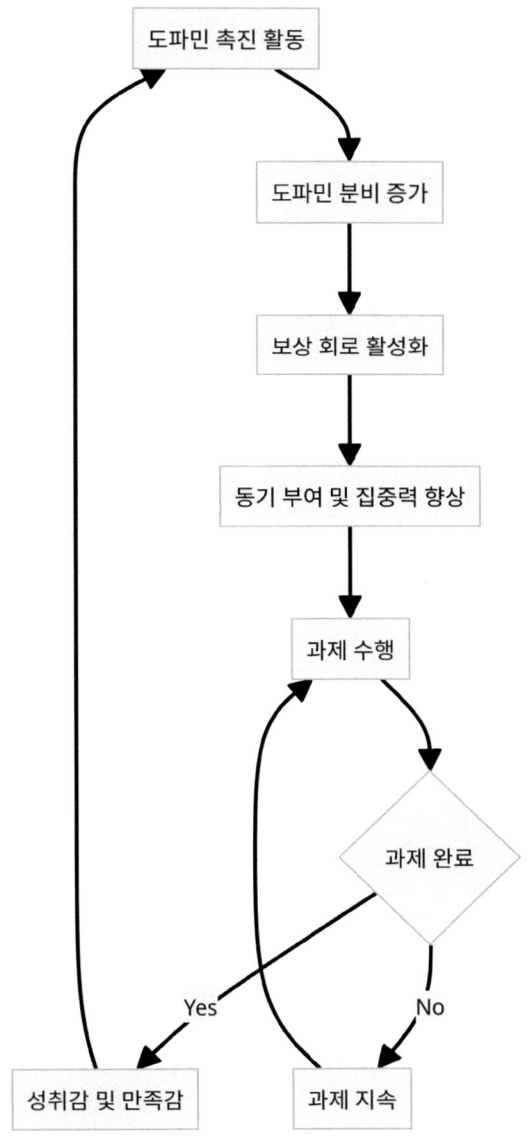

[도파민 촉진을 통한 집중력 향상 메커니즘]

창의성의 원천, 도파민

창의성은 기존의 사고 방식에서 벗어나 새로운 아이디어를 만들어내는 능력을 말합니다. 도파민은 이러한 확산적 사고를 활성화하여 창의적인 인재가 되는 데 중요한 역할을 합니다. 실제로 창의력이 뛰어난 사람들의 뇌에서는 도파민 활성도가 높게 나타났습니다. 따라서 도파민을 효과적으로 활용하는 것이 창의성 계발의 핵심 전략이 될 수 있습니다.

창의성 증진을 위해서는 호기심을 자극하고 새로운 경험을 쌓는 것이 중요합니다. 익숙한 환경에서 벗어나 새로운 장소를 탐험하거나, 평소 관심 없던 분야에 대해 배우려는 노력이 도파민 촉진과 창의성 발달에 도움이 됩니다. 이는 도파민이 새롭고 흥미로운 자극에 민감하게 반응하기 때문입니다. 낯선 경험은 뇌의 보상 회로를 자극하여 도파민을 활성화하고, 유연하고 확산적인 사고를 가능하게 합니다.

다양한 창의적 활동을 통해서도 도파민 분비를 촉진할 수 있습니다. 브레인스토밍이나 마인드맵 작성은 자유로운 연상을 통해 아이디어를 발산하는 효과적인 방법입니다. 또한 독창적인 예술 작품 감상, 창작 활동 참여, 오픈 이노베이션 플랫폼 활용 등도 확산적 사고를 자극하여 창의력 향상에 기여합니다. 이러한 활동들은 고정관념에서 벗어나 사고의 경계를 확장하도록 도와줌으로써 도파민 활성화를 촉진합니다.

창의성은 개인의 노력뿐 아니라 집단 지성을 통해서도 높아질 수 있습니다. 다양한 배경과 관점을 지닌 사람들과의 소통과 협업은 창

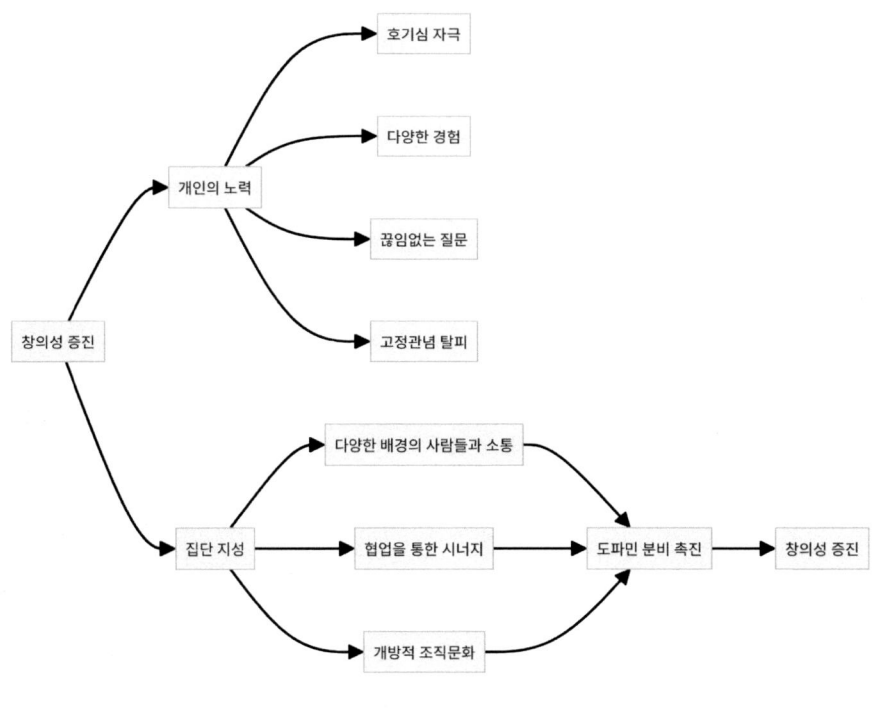

[창의적 발상을 위한 사고과정]

의적 아이디어 도출에 큰 도움이 됩니다. 이 과정에서 발생하는 인지적 자극과 시너지 효과는 도파민 분비를 촉진하여 창의성을 증진시킵니다. 따라서 폐쇄적이고 고립적인 환경보다는 개방적이고 협력적인 분위기 속에서 창의적 과제에 도전하는 것이 바람직합니다.

균형 잡힌 도파민 활용이 중요

도파민이 우리 삶에 긍정적인 영향을 미치는 것은 분명하지만, 지나친 도파민 활성화는 오히려 부작용을 초래할 수 있습니다. 약물이나 행동 중독은 뇌의 보상 회로에 과도한 자극을 주어 도파민 분비

[창의력 증진을 위한 활동 : 새로운 장소 탐험]

를 왜곡시키는 대표적 사례입니다. 지나친 도파민의 영향으로 쾌락에 집착하고 현실의 문제를 회피하게 되면 개인의 성장과 발전이 저해될 수 있습니다.

건강한 도파민 활용을 위해서는 생활 습관 관리가 무엇보다 중요합니다. 규칙적인 운동은 BDNF(뇌유래신경영양인자) 분비를 촉진하여 도파민 시스템을 강화하는 데 도움이 됩니다. 또한 균형 잡힌 식단 유지, 충분한 수면 등의 기본적인 건강 수칙을 지키는 것이 도파민의 안정적 분비를 위해 필수적입니다. 스트레스 관리 또한 도파민 조절에 있어 간과할 수 없는 요인입니다. 과도한 스트레스는 세로토닌 감소와 노르에피네프린 증가를 초래하여 도파민 시스템의 균형을 무너뜨릴 수 있습니다.

한편 도파민 활용에 있어서는 내적 동기와 외적 동기 사이의 조화도 중요합니다. 자율성과 유능감에 기반한 내재적 동기는 지속 가능한 도파민 활성화를 가능하게 합니다. 반면 지나친 외부 보상에 의존할 경우 오히려 내적 동기가 훼손되어 도파민 분비가 감소할 수 있습니다. 따라서 외부 보상은 최소한으로 활용하되, 스스로 선택하고 노력한 결과에서 오는 성취감과 만족감을 향상시키는 데 주력해야 할 것입니다.

도파민, 성공으로 가는 화학 물질

도파민, 우리 삶의 원동력이자 성공의 열쇠

매일의 일상은 도전의 연속입니다. 어려움에 부딪히고 좌절하는 순간, 우리는 어떻게 다시 일어설 수 있을까요? 바로 우리 뇌 속에 숨겨진 보물, 도파민의 힘으로 가능합니다.

신경전달물질인 도파민은 동기부여와 보상, 학습과 창의성 등 삶의 다양한 영역에서 중추적인 역할을 합니다. 복잡한 신경 회로를 통해 전달되는 도파민은 우리의 감정, 사고, 행동에 지대한 영향을 미칩니다. 보상계에서 쾌감을 일으키는 도파민은 학습의 기쁨을 선사하고, 동기부여와 목표 달성의 원동력이 됩니다. 그렇다면 이 놀라운 도파민의 힘을 어떻게 하면 일상에서 효과적으로 활용할 수 있을까요? 무엇보다 구체적이고 달성 가능한 목표를 세우는 것이 중요합니다. SMART 기법을 활용하여 구체적이고 측정 가능하며 달성 가능한 목표를 설정하세요. 목표 달성 과정에서 작은 성공의 경험을 축하하고 스스로에게 보상을 주는 습관을 들이면 도파민 활성화에 도움이 됩니다.

도파민은 학습의 과정에서도 중요한 역할을 합니다. 시냅스 가소성을 증진시켜 학습과 기억력 향상에 기여하는 도파민을 효과적으로 활용해봅시다. 능동적이고 자기주도적인 학습 환경을 조성하고, 간격 학습 기법을 활용하여 주의력과 흥미를 유지하세요. 새로운 개

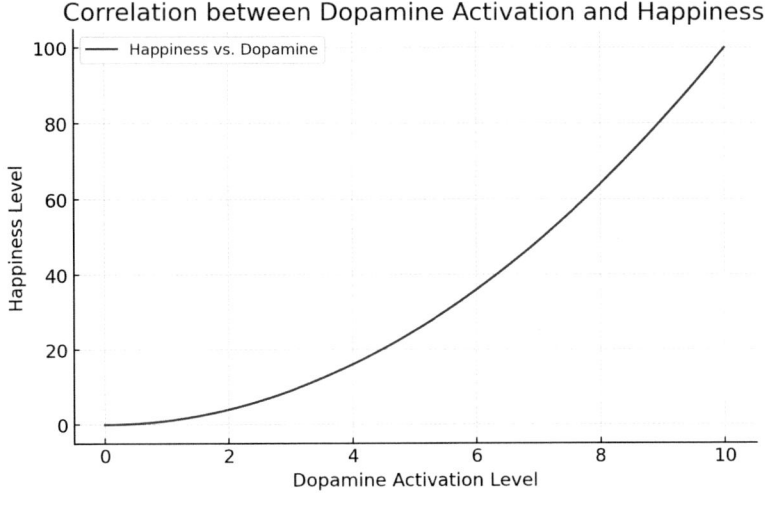

[창의적 발상을 위한 사고과정]

념을 배우고 익히는 과정 자체를 즐기는 태도 또한 도파민 활성화와 학습 효과 증진으로 이어질 것입니다.

한편 창의성은 도파민 시스템과 밀접한 관련이 있습니다. 확산적 사고와 유연한 인지 능력은 창의성 발현에 필수적입니다. 브레인스토밍이나 마인드맵 등 자유로운 발상을 촉진하는 기법을 활용하여 사고의 경계를 넓혀보세요. 주변 세계를 탐색하고 새로운 관점을 받아들이는 개방적 태도는 도파민의 흐름을 자극합니다. 나아가 독창적인 아이디어를 실행에 옮기려는 적극성 또한 중요합니다.

하지만 도파민의 과도한 활성화는 중독의 위험성을 내포합니다. 지나친 쾌락 추구나 물질 남용은 도파민 보상 회로의 악순환을 초래할 수 있습니다. 건강한 도파민 활성화를 위해서는 중독성 높은 행위를 대체할 긍정적인 활동을 탐색하고, 필요하다면 전문적인 도움을 받는 것도 좋은 방법입니다. 균형 잡힌 생활 습관과 스트레스 관리, 마음챙김 명상 등으로 안정적인 도파민 밸런스를 유지하는 노력이 필요합니다.

결국 도파민은 우리 삶의 질을 좌우하는 핵심 요소입니다. 행복하고 성공적인 삶을 위해서는 이 소중한 신경전달물질을 잘 이해하고

[확산적 사고를 위한 브레인 스토밍]

활용하는 지혜가 요구됩니다. 작은 실천으로 하루하루 도파민을 깨우다 보면, 어느새 당신의 잠재력이 눈부신 꽃을 피울 것입니다. 때로는 실패를 겪겠지만, 그 또한 성장의 밑거름이 될 터입니다. 포기하지 않는 열정과 끈기만 있다면 도파민은 언제나 당신 곁에서 함께할 것입니다.

동기부여의
뇌과학

도파민, 그 작은 신경전달물질이 우리의 삶에 얼마나 큰 영향을 미치는지 깨닫게 되면 놀라지 않을 수 없습니다. 단순히 쾌감을 느끼게 하는 물질을 넘어, 도파민은 동기부여, 학습, 창의력 등 성공의 핵심 요소들을 좌우하는 결정적인 역할을 합니다. 최신 신경과학 연구 결과에 따르면, 도파민 시스템의 활성화 정도가 개인의 목표 달성 능력과 성취 수준을 예측하는 주요 지표라고 합니다. 이제 도파민의 힘을 빌려 내재된 잠재력을 발휘할 때입니다.

동기부여의 핵심, 도파민부터 살펴보겠습니다. 우리가 어떤 목표를 세우고 그것을 향해 달려갈 때, 뇌의 보상회로가 활성화되면서 도파민이 분비됩니다. 이 도파민의 쾌감이 목표 달성을 위한 원동력이 되는 것이죠. 따라서 도파민 분비를 촉진하는 동기부여 전략을 통해 꿈을 현실로 만들어갈 수 있습니다. SMART 기법으로 구체적이고 달성 가능한 목표를 세우고, 작은 성공 경험과 보상을 통해 도파민 레벨을 지속적으로 높이는 습관을 들인다면 어떤 도전도 극복할 수 있는 원대한 동력을 얻게 될 것입니다.

배움의 즐거움도 도파민이 선사합니다. 새로운 것을 배우고 익히는 과정에서 느끼는 성취감과 희열은 도파민 덕분이라고 할 수 있습니다. 호기심을 자극하고 흥미를 유발하는 학습 환경을 조성하면 자연스럽게 도파민 분비가 촉진되어 학습 효과가 높아집니다. 여기에 간격 학습 기법을 접목하여 집중력과 기억력을 향상시킨다면 지적 성장의 속도가 더욱 빨라질 것입니다.

창의력 역시 도파민과 밀접한 관련이 있습니다. 확산적 사고를 통해 독창적인 아이디어를 만들어내는 창의적 과정에서 도파민이 핵심적인 역할을 합니다. 자유로운 상상력이 샘솟게 하는 다양한 활동으로 도파민을 자극하고, 브레인스토밍과 마인드맵 등의 발산적 사고 도구를 적극 활용한다면 창의력의 폭발을 경험할 수 있을 것입니다. 일상의 사소한 순간에도 호기심을 놓치지 마세요. 그 속에서 혁신의 씨앗을 발견할 수 있습니다.

하지만 도파민의 양면성도 주의해야 합니다. 지나친 쾌락 추구는 중독의 늪으로 빠뜨릴 수 있기 때문입니다. 도파민 과다 분비로 인한 중독 행동은 삶의 질을 크게 떨어뜨립니다. 건전한 도파민 활성화로 중독 예방에 힘쓰는 한편, 중독성 높은 행동은 기피하고 건강한 대체 활동을 찾는 노력이 필요합니다. 도파민 조절에 어려움을 겪는다면 전문적인 도움을 요청하는 것도 좋은 방법입니다.

영역	실천 방법	체크리스트
동기부여	목표를 세분화하고 작은 성공을 기록합니다.	☐ 목표를 작은 단계로 나누기 ☐ 매일의 작은 성공 기록하기
학습	새로운 지식을 주기적으로 학습합니다.	☐ 일주일에 한 번 새로운 주제 읽기 ☐ 학습 일지 작성하기
창의력	다양한 취미를 시도하고 자극적인 환경을 탐색합니다.	☐ 새로운 취미 시작하기 ☐ 주변 환경 변화시켜 창의력 자극하기
중독 예방	습관적인 행동을 인식하고 대체 활동을 찾습니다.	☐ 습관 점검하기 ☐ 건강한 활동으로 대체하기
행복 증진	긍정적인 사고를 유지하고 사회적 교류를 확대합니다.	☐ 매일 감사 일기 쓰기 ☐ 주기적으로 친구나 가족 만나기

[도파민 활용의 5단계]

궁극적으로 도파민은 우리에게 행복감을 선사하는 물질입니다. 긍정 정서와 만족감을 느끼게 하고, 스트레스에 대한 회복력도 높여주죠. 명상과 운동, 건강한 식습관으로 도파민을 깨우고 소중한 사람들과의 유대감을 쌓는 사회활동으로 도파민을 충전하세요.

도파민은 우리 삶의 질을 결정하는 열쇠입니다. 신경과학이 밝혀낸 도파민의 비밀을 일상에 적용하여 성공과 행복으로 가는 길목에 서보세요. 내면의 무한한 가능성을 발견하고 꿈을 향해 전진하는 여정에 도파민이 늘 함께 할 것입니다. 작은 변화의 시작이 거대한 발걸음으로 이어질 수 있음을 잊지 마세요.

도파민이 이끄는 학습의 혁명

도파민은 우리 인생의 나침반과도 같습니다. 이 작은 물질은 동기, 보상, 학습에 있어 결정적인 역할을 하며, 우리가 새로운 도전을 즐기고 성장할 수 있도록 이끌어줍니다. 도파민의 힘을 이해하고 적절히 활용한다면, 우리는 더욱 효과적으로 배우고 창의력을 발휘하며 목표를 향해 나아갈 수 있을 것입니다.

호기심과 도전 정신을 유지하는 것은 도파민 분비를 촉진하는 핵심 요소입니다. 항상 열린 마음으로 새로운 아이디어를 탐구하고, 우리를 성장시킬 수 있는 목표에 도전하는 자세가 필요합니다. 이는 학습에 대한 동기를 높이고, 보다 깊이 있는 이해와 기억력 향상으로 이어질 수 있습니다. 호기심은 세상을 배우고자 하는 열정을 불러일으키고, 도전은 우리 안의 잠재력을 끌어올리는 원동력이 됩니다.

명상과 마음챙김 연습 또한 도파민 활용에 도움이 될 수 있습니다. 이러한 연습은 스트레스와 불안감을 완화하고, 집중력과 인지 능력을 높이는 데 기여합니다. 명상을 통해 우리는 현재에 대한 자각을 높이고 산만한 생각에서 벗어나 학습에 더욱 몰두할 수 있습니다. 고요한 마음은 새로운 정보를 더욱 효과적으로 처리하고 창의적인 사고를 이끌어내는 토대가 됩니다.

자신의 성취에 대해 적절한 보상과 칭찬을 하는 것 역시 중요합니다. 의미 있는 이정표를 세우고, 그 목표에 다다를 때마다 스스로를 격려하고 축하하는 습관은 도파민 분비를 자극하여 학습에 대한 긍정적인 강화 작용을 합니다. 다만 보상의 수준은 적정해야 합니다. 성과에 걸맞은 보상을 제공할 때 비로소 도파민 시스템이 효과적으로 작동할 수 있습니다.

여기에 더해 사회적 상호 작용은 학습의 즐거움을 배가시키고 시너지 효과를 발휘하게 합니다. 함께 토론하고 아이디어를 교환하는 과정에서 우리는 새로운 영감을 얻고 창의력을 높일 수 있습니다. 나아가 이러한 유대감은 소속감과 행복감을 선사하여 도파민 분비를 촉진하고 학습 동기를 고취시킵니다. 협력적인 학습 환경 속에서 우리는 시너지를 내며 함께 성장해 나갈 수 있습니다.

무엇보다 긍정적이고 성장 지향적인 마음가짐이 도파민 활용의 밑바탕이 되어야 합니다. 실패를 두려워하기보다 그 속에서 배움의 기회를 찾고, 자신의 강점과 잠재력에 초점을 맞추는 자세가 필요합니다. 이러한 마음가짐은 역경 속에서도 희망을 잃지 않고 나아갈 수 있는 원동력이 됩니다. 긍정적인 내적 대화와 성장 마인드셋은 도전의 순간에도 우리에게 용기를 주고, 발전을 향한 열정을 불어넣어 줍니다.

우리 삶의 다양한 영역에서 도파민의 혜택을 누리기 위해서는 이 작은 물질의 작용 원리를 이해하는 것이 무엇보다 중요합니다. 도파민은 단순히 쾌락만을 주는 물질이 아닙니다. 그것은 동기를 부여하고, 새로운 행동을 학습하며, 창의력의 불꽃을 지피는 원동력입니다. 우리가 성취를 이룰 때, 새로운 기술을 습득할 때, 창의적인 아이디어를 떠올릴 때, 도파민은 그 과정을 이끌고 촉진하는 조력자로서 함께합니다.

물론 도파민 활용에는 주의할 점도 있습니다. 지나친 자극과 보상 추구는 오히려 중독의 악순환을 초래할 수 있기 때문입니다. 건강한 도파민 활성화를 위해서는 적절한 균형과 절제가 필요합니다. 규칙적인 운동, 명상, 건강한 식단과 수면 습관은 과도한 도파민 분비를 예방하고 신체적, 정신적 건강을 유지하는 데 도움이 됩니다. 건강한 생활 습관은 도파민 시스템의 안정적인 작동을 뒷받침하는 기반이 됩니다.

[도파민 활용을 위한 5가지 전략]

우리에게 주어진 도전과 변화의 순간들, 평생 학습의 여정은 결코 녹록지 않을 수 있습니다. 하지만 우리에겐 도파민이라는 든든한 조력자가 있습니다. 작지만 강력한 이 물질은 희망의 메시지를 전합니다. 포기하지 말고 계속해서 도전하라고, 호기심을 잃지 말고 새로운 것을 배우라고, 실패를 겁내지 말고 그 속에서 성장의 기회를 찾으라고 말입니다. 도파민과 함께 할 때 우리는 어떤 역경도 헤쳐나갈 수 있는 희망과 용기를 얻을 수 있습니다.

우리의 뇌에는 경이로운 적응력과 가소성이 있습니다. 그 중심에는 학습과 성장을 이끄는 도파민이 자리하고 있습니다. 이 신비로운 물질의 힘을 믿고 전략적으로 활용한다면, 우리는 스스로의 가능성을 마음껏 발휘하고 꿈꾸는 목표를 향해 다가갈 수 있을 것입니다.

창의성의 원동력 도파민

창의력을 발휘하고 싶지만 뭔가에 막혀 있다는 느낌이 든 적이 있으신가요? 어쩌면 여러분의 뇌 속 도파민이 잠들어 있는 걸지도 모릅니다. 과학적 연구에 따르면 도파민은 창의성을 촉진하는 데 중요한 역할을 한다고 합니다.

도파민은 호기심을 자극하고 새로운 가능성에 도전하게 만드는 원동력입니다. 도파민 수치가 높아질수록 확산적 사고 능력이 향상되어 고정관념을 깨고 참신한 아이디어를 만들어낼 수 있습니다. 그렇다면 도파민을 활성화하여 창의력의 샘을 틔우려면 어떻게 해야 할까요?

먼저 새로운 경험을 적극적으로 추구하는 것이 중요합니다. 낯선 장소로 여행을 떠나거나 평소와 다른 활동에 도전해보세요. 익숙한 일상에서 벗어나 신선한 자극을 받으면 도파민이 활발히 분비됩니다.

창의성을 계발하기 위해서는 다양한 방법을 활용해볼 수 있습니다. 그 중에서도 창의적 사고 기법을 적극적으로 활용하는 것이 효과적이라고 할 수 있죠. 대표적인 창의적 사고 기법으로는 브레인스토밍과 마인드맵이 있습니다. 브레인스토밍은 주어진 주제에 대해 자유롭게 아이디어를 발산하는 기법인데요, 이를 통해 기존의 사고 패턴에서 벗어나 새로운 관점을 발견할 수 있습니다. 처음에는 엉뚱하거나 비현실적으로 느껴지는 아이디어라도 모두 수용하는 자세가 중요합니다. 그런 다음 발산된 아이디어들을 분석하고 조합하면서 실현 가능한 솔루션을 도출해나가는 거죠.

마인드맵은 특정 개념을 중심으로 관련 개념들을 나뭇가지 모양으로 연결해가며 확장하는 기법입니다. 이는 개념들 사이의 연관성을 시각적으로 파악하는 데 도움이 되는데요, 단순히 정보를 나열하는 것이 아니라 정보들을 유기적으로 연결 지으며 사고를 확장해나갈 수 있습니다. 마인드맵을 활용하다 보면 처음에는 떠오르지 않았던 아이디어들이 연쇄적으로 떠오르곤 하죠. 이렇듯 브레인스토밍과 마인드맵은 확산적 사고를 연습하기에 최적화된 도구라고 할 수 있습니다. 확산적 사고란 주어진 문제에 대해 다양한 해결책을 모색하는 사고 방식을 말하는데요, 이는 창의성의 핵심 요소 중 하나로 꼽힙니다.

흥미로운 점은 확산적 사고를 연습할수록 뇌의 도파민 시스템이 활성화된다는 것입니다. 도파민은 쾌감과 보상을 느끼게 해주는 신경전달물질인데요, 이는 창의적 활동에 대한 동기부여를 높여줍니다. 새로운 아이디어를 떠올리는 순간의 희열은 도파민 덕분이라고 할 수 있죠. 따라서 확산적 사고 연습은 창의성뿐만 아니라 정서적 만족감 향상에도 기여합니다. 나아가 이는 창의적 과제에 지속적으로 몰입하게 하는 원동력이 되기도 하죠.

창의성을 극대화하기 위해서는 주변 환경을 잘 조성하는 것도 중요합니다. 영감을 주는 예술작품이나 자연 경관을 접하는 것만으로도 창의력은 크게 고양될 수 있는데요, 이는 심미안을 기르는 데 도움이 되기 때문입니다. 세계적인 예술가들의 명작을 감상하거나 웅장한 자연의 풍광을 마주하는 경험은 우리의 감성을 자극하고 새로운 시각을 가질 수 있게 해줍니다. 미적 감수성이 풍부해질수록 창의적 아이디어가 샘솟는 원천이 되곤 하죠.

또한 창의성을 자극하는 공간에서 시간을 보내는 것도 좋습니다. 단조로운 사무실 환경에서 벗어나 예술적 감성이 살아 있는 공간에 머무르다 보면 창의력도 덩달아 상승하게 마련입니다. 실리콘밸리의 유명 IT 기업들이 사옥에 휴게 공간과 운동 시설, 명상실 등을 마련해두는 이유도 바로 창의성 증진에 있습니다. 구글은 직원들이 업무 시간의 20%를 창의적 아이디어 구상에 활용하도록 장려하고 있죠. 집중력을 발휘하기 좋은 환경에서 창의력 향상에 투자하는 셈입니다.

규칙적인 운동 습관을 기르는 것 역시 창의성 계발에 큰 도움이 됩니다. 적절한 강도의 신체 활동은 뇌에 산소와 영양분을 원활히 공급함으로써 인지 기능을 높이는데요, 특히 도파민의 분비를 촉진해 창의력 향상에 기여합니다. 운동으로 상쾌해진 기분은 창의적 과제에 몰두하기 좋은 컨디션을 만들어주죠. 또한 규칙적인 운동은 스트레스를 해소하고 긍정적인 에너지를 북돋아 줌으로써 창의적 활동에 대한 동기부여를 높여줍니다.

명상이나 마음챙김을 통해 정신을 맑게 유지하는 것도 창의성 계발에 효과적입니다. 분주한 일상 속에서는 온갖 잡념으로 인해 사고가 흐려지기 마련인데요, 명상을 통해 마음을 평온히 가라앉히고 사고를 정돈하다 보면 내면에 잠재된 창의력이 발현되곤 합니다. 마음이 고요해질 때 비로소 심오한 통찰과 놀라운 아이디어가 떠오르게 되죠. 따라서 단 5분의 명상만으로도 창의성을 일깨우는 데 도움을 받을 수 있습니다.

이처럼 창의성을 계발하기 위해서는 다각도로 노력을 기울일 필요가 있습니다. 브레인스토밍과 마인드맵 같은 창의적 사고 기법을 연습하는 것은 물론, 영감을 주는 환경을 조성하고 규칙적인 운동 습관을 기르는 것, 그리고 명상을 통해 마음을 맑게 정화하는 것까지. 이 모든 것이 유기적으로 결합될 때 창의력은 가파르게 상승하게 될 것입니다.

창의성이란 하룻밤의 노력으로 얻어지는 것이 아닙니다. 지속적으로 도전하고 실험하는 과정 속에서 조금씩 성장하는 법이죠. 실패를 겁내지 말고 호기심을 잃지 않는 열린 자세로 창의성을 가꾸어가세요. 우리는 모두 독창적인 생각을 할 수 있는 잠재력을 타고났습니다. 중요한 것은 그 씨앗을 잘 키워내는 일이겠죠. 낯선 것에 대한 거부감을 버리고 유연한 사고로 세상을 바라보세요. 배움에 대한 열정을 잃지 말고 호기심을 즐기며 살아가세요. 무엇보다 창의적 시도 자체를 가슴 설레는 모험으로 여기는 자세가 필요합니다. 도전을 기꺼이 받아들이고 역경을 즐기며 돌파해나갈 때 비로소 창의성은 꽃을 피울 수 있습니다. 창의력, 그것은 틀에 박힌 사고에서 벗어나 세상을 바라보는 새로운 시야를 열어주는 힘입니다. 우리 안에 내재한 이 위대한 재능을 일깨우는 열쇠, 바로 도파민입니다. 호기심을 자극하는 새로운 경험, 확산적 사고를 돕는 창의적 기법, 영감을 주는 환경, 건강한 신체와 맑은 정신. 이 모든 것이 어우러질 때 창의성의 향연이 시작됩니다. 창의력의 잠재력을 깨워 놀라운 성취를 이뤄내고 싶다면 지금 바로 도파민을 깨워야 할 때입니다. 매일의 삶 속에서 의식적으로 도파민을 활성화하는 습관을 들이세요. 가슴 벅찬 도전과 발견의 순간들이 찾아올 것입니다. 창의력은 우리가 세상을 바꾸는 원천입니다. 인류 역사상 가장 위대한 발명과 예술적 성취들은 모두 창의성에서 비롯되었죠. 여러분 역시 창의력으로 세상에 놀라운 변화를 가져올 수 있습니다.

도파민, 중독의 양면성

도파민은 우리 삶에 지대한 영향을 미치는 신경전달물질입니다. 쾌락과 보상을 느끼게 해주는 도파민의 작용 덕분에 우리는 동기부여를 얻고 목표를 향해 매진할 수 있습니다. 그러나 도파민이 과도하게 분비되면 중독이라는 심각한 문제로 이어질 수 있습니다. 중독은 특정 물질이나 행동에 지나치게 의존하게 되는 상태를 말하는데, 이는 개인의 신체적, 정신적, 사회적 건강을 크게 해치는 결과를 초래하곤 합니다. 따라서 도파민의 힘을 이해하고 현명하게 활용하는 지혜를 기르는 일은 건강하고 충만한 삶을 위해 매우 중요하다고 할 수 있습니다.

중독의 뿌리는 바로 뇌의 보상회로에 있습니다. 술이나 마약, 도박 등 중독성 있는 물질이나 행동은 뇌의 도파민 시스템을 자극해 강렬한 쾌감을 선사합니다. 문제는 이런 자극에 반복적으로 노출되다 보면 도파민 수용체가 점차 둔감해진다는 것입니다. 그러면 이전과 같은 쾌감을 얻기 위해 더 많은 양, 더 잦은 빈도로 중독 행위를 하게 되죠. 이는 뇌의 보상회로에 심각한 이상을 초래해 중독의 굴레에서 벗어나기 어렵게 만듭니다. 나아가 전전두엽의 인지 기능마저 손상시켜 합리적 의사결정과 충동 조절이 힘들어집니다. 그 결과 중독자들은 일상생활은 물론 대인관계와 직업적 기능까지 모든 영역에서 타격을 입게 되곤 합니다.

중독은 한순간에 발생하는 것이 아닙니다. 대개는 스트레스나 불안, 우울 등 부정적 정서를 회피하고자 하는 욕구에서 비롯됩니다. 알코올이나 마약, 도박으로 순간의 고통을 잊고 싶어 하는 마음, 일시적으로나마 현실에서 도피하고 싶은 욕망이 중독 행위를 부추기는 것이죠. 문제는 이런 방식의 대처가 결국 더 큰 부작용을 낳는다는 것입니다. 근본적 문제는 해결되지 않은 채 오히려 중독이라는 덫에 걸려 악순환을 반복하게 되니까요. 따라서 중독에서 벗어나기 위해서는 표면적 행동 교정을 넘어, 내면의 상처와 결핍을 직시하고 치유해나가는 과정이 필수적이라 할 수 있습니다.

그렇다면 중독의 굴레에서 벗어나 자유로운 삶을 살아가기 위해선 어떻게 해야 할까요? 무엇보다 도파민을 건강한 방식으로 활성화하는 것이 중요합니다. 규칙적인 운동은 그 대표적 방법입니다. 적당한 강도의 유산소 운동은 뇌의 도파민 분비를 촉진할 뿐 아니라, 세로토닌, 엔도르핀 등 긍정적 신경전달물질의 생성도 증가시킵니다. 이는 중독으로 인해 무너진 보상회로의 균형을 바로잡고, 건강한 쾌감을 느낄 수 있게 해줍니다. 또한 지나친 설탕, 카페인, 정크푸드의 섭취를 자제하고 균형 잡힌 식단을 유지하는 것도 안정적인 도파민 수치에 도움이 됩니다.

충분하고 규칙적인 수면 역시 도파민 조절에 있어 매우 중요합니다. 숙면은 전전두엽을 비롯한 뇌 기능을 회복시켜 스트레스 대처 능력을 높이고, 중독 행위에 대한 갈망을 억제하는 데 도움이 되기 때문입니다. 이를 위해 취침 전 카페인이나 알코올, 전자기기의 사용을 자제하고 일정한 수면 패턴을 유지하려 노력해야 할 것입니다.

중독 치유에 있어 정서적 건강의 회복 또한 빼놓을 수 없습니다. 명상이나 요가와 같은 마음챙김 활동은 내면의 균형을 되찾는 데 큰 도움이 됩니다. 고요한 명상 속에서 자신의 감정과 욕구를 온전히 느끼고 수용하는 경험은 중독 행위로 도피하려는 충동을 자연스럽게 누그러뜨리곤 합니다. 스트레스 상황에서도 평온함을 유지할 수 있는 힘을 기르는 것이죠. 나아가 예술 활동이나 자원봉사 등 삶의 의미를 발견할 수 있는 일에 몰입하는 것도 중독의 굴레에서 벗어나는 데 도움이 됩니다. 나를 성장시키고 타인과 소통하게 하는 가치 있는 활동에 참여할수록 어느새 건강한 도파민의 길이 열리게 될 것입니다.

무엇보다 중독에서 벗어나기 위해서는 자신의 감정과 마주하는 용기가 필요합니다. 오랫동안 부정하고 회피했던 내면의 문제를 직시하고 받아들이는 일, 이는 결코 쉽지 않습니다. 그러나 자신의 취약함을 인정하고 타인의 도움을 청하는 겸허한 자세야말로 회복의 첫걸음이 될 것입니다. 전문적 상담을 통해 깊은 내면의 상처를 치유하고, 건강한 관계 속에서 사랑과 지지를 느끼는 과정은 중독의 굴레에서 벗어나는 데 막대한 힘이 될 수 있습니다. 무엇보다 '나는 할 수 있다'는 긍정의 믿음을 잃지 않는 것이 중요합니다. 아무리 힘든 상황에서도 작은 실천을 이어나갈 때, 우리는 기적 같은 변화를 맞이하게 될 것입니다.

도파민, 그 작지만 강력한 물질이 우리 인생에 미치는 영향력은 실로 크다 할 수 있습니다. 건강한 삶을 위해, 때로는 고통스러운 중독에서 벗어나기 위해 도파민의 힘을 어떻게 다스릴 것인가. 이는 우리 모두에게 주어진 숙제와도 같습니다. 균형 잡힌 생활 습관을 기르고, 자신의 내면과 진실되게 마주하는 일. 나아가 삶의 참된 기쁨을 발견하기 위해 노력하는 일. 이 모든 과정을 통해 우리는 도파민을 넘어 진정한 행복에 다가갈 수 있을 것입니다. 건강한 도파민의 흐름을 따라 어제의 나를 넘어서는 오늘, 충만하고 자유로운 삶을 향해 나아갈 수 있기를 기대합니다.

2장

동기부여, 도파민으로 목표 달성하기

동기부여 도파민으로 목표 달성하기

구체적이고 도전적인 목표를 설정하는 것은 도파민을 활성화시키는 첫걸음입니다. 삶의 다양한 영역에서 이루고자 하는 비전을 고려하여, 달성 가능한 작은 목표들로 세분화하되 현재 능력을 조금 뛰어넘는 도전적인 목표를 세우세요. 각 목표에 명확한 기한을 정하면 집중력과 동기를 유지하는 데 도움이 됩니다.

계획을 수립하고 작은 성공을 축하하며 진척 상황을 정기적으로 점검하세요. 목표 달성의 장점에 주목하고, 지지적인 사람들과 함께하며 동기를 잃지 않도록 하세요. 좌절은 성장 과정의 자연스러운 일부임을 인식하고, 이를 배움의 기회로 삼으세요.

시각화 기법은 도파민 시스템을 자극하여 목표 달성에 도움을 줄 수 있습니다. 원하는 결과를 상상하며 설렘과 기대감을 느끼고, 필요한 단계를 머릿속으로 연습하면서 자신감과 의욕을 고취시키세요. 긍정적인 결과와 혜택을 떠올리면 난관에 부딪혀도 집중력과 의지를 잃지 않을 수 있습니다. 또한 이완과 스트레스 해소에도 도움이 되어 전반적인 웰빙과 주의력 향상에 기여합니다.

작은 성취도 인정하고 축하하는 것은 도파민을 기반으로 한 동기부여를 강화하고, 자존감을 높이며, 꾸준한 성장을 북돋우는 데 필수적입니다. 장애물보다는 진전에 초점을 맞추고, 긍정적인 마음가짐을 견지하며, 다른 이들과 함께 성과를 나누는 것은 관계 강화에도 도움이 됩니다.

성장 마인드셋은 역경에 맞닥뜨렸을 때 의욕을 잃지 않고 난관을 극복하는 데 도움을 줍니다. 완벽함 대신 발전에 주목하고, 도전을 성장의 발판으로 여기며, 실수로부터 교훈을 얻을 수 있다는 신념을 가지세요. 회복 탄력성을 기르고, 고무적인 환경을 조성하며, 호기심과 학구열을 품으세요. 자기 관리에 힘쓰고, 목표에 매진하며, 감사하는 자세로 인내심 있게 전진하세요. 이런 전략들은 난관에 봉착했을 때에도 도파민 수준을 유지하고 의욕을 잃지 않도록 도와줄 것입니다.

사회적 지지와 책무성의 상승 작용은 동기부여와 목표에 대한 몰입도를 크게 높일 수 있습니다. 정서적, 정보적, 도구적 지원을 아끼지 않는 공동체에 속하고, 믿을 만한 이들과 목표를 공유하세요. 자신과 타인에 대한 의무감인 책무성은 구체적인 목표 설정, 진행 상황 보고, 목표 미달성 시 결과 수립 등을 통해 배양할 수 있습니다. 지지 체계는 마음의 위안을, 책무성은 몰두와 헌신을 북돋아 역경 속에서도 도파민이 추동하는 동기를 유지하게 해줍니다.

도파민은 우리가 목표를 향해 매진하게 하는 원동력으로서 핵심적인 역할을 합니다. 하지만 도파민이 유발하는 동기와 몰입을 유지하기란, 특히 난관이나 좌절에 직면했을 때 쉽지 않을 수 있습니다. 이럴 때 사회적 지지와 책무성이라는 든든한 지원군을 활용한다면 의욕을 높이고, 목표에 전념하며, 시련을 더욱 효과적으로 헤쳐나갈 수 있을 것입니다. 목표 성취를 향한 여정은 홀로 걷는 길이 아니며, 굳건한 지원 체계와 책임감이 판도를 뒤바꿀 수 있습니다.

도파민은 동기부여와 목표 달성에 있어 강력한 동력으로 작용합니다. 구체적이고 도전적인 목표 설정, 시각화 기법 활용, 작은 성취 축하, 성장 마인드셋 견지, 사회적 지지와 책무성 확보 등 도파민을 기반으로 한 동기부여 전략들을 일상에서 실천한다면 어려운 목표도 성공적으로 달성해나갈 수 있을 것입니다. 꿈을 향한 우리의 여정에 도파민이라는 믿음직한 길동무가 함께하기를 기대해봅니다.

SMART 목표로
도파민 충전하기

목표 달성에 있어 도파민의 역할은 실로 크다 할 수 있습니다. 도파민은 동기부여와 보상에 관여하는 신경전달물질로, 우리가 목표를 향해 나아갈 수 있게 하는 원동력이 되어주기 때문이죠. 따라서 도파민의 특성을 잘 이해하고 이를 활용할 수 있는 전략을 수립하는 것이 무엇보다 중요합니다. 그중에서도 SMART한 목표 설정은 도파민의 힘을 극대화하는 데 있어 매우 효과적인 방법이라 할 수 있습니다.

SMART란 구체적 Specific이고 측정 가능 Measurable하며 달성 가능 Achievable하고 현실적 Realistic이며 시간 제한 Time-bound이 있는 목표를 의미합니다. 이처럼 명확하고 실현 가능한 목표를 세우는 것은 도파민 시스템을 자극하는 데 있어 매우 중요한데요, 이는 우리에게 분명한 방향성을 제시하고 성취감을 맛볼 수 있게 해주기 때문입니다. 나아가 이렇게 설정된 목표를 더욱 작고 실행 가능한 단계로 세분화하는 것도 도파민 활성화에 도움이 됩니다. 매일 조금씩 목표를 향해 나아가는 과정에서 작은 성공을 경험할 때마다 도파민이 분비되면서 동기부여가 강화되는 것이죠.

목표 달성을 위해서는 꾸준한 실천과 모니터링 또한 필수적입니다. 매일의 진척 상황을 체크하고 필요에 따라 계획을 조정해나가야 합니다. 이는 우리에게 성장하고 있다는 피드백을 제공함으로써 도파민 분비를 촉진하고 동기를 유지하는 데 큰 도움이 됩니다. 한편 긍정적이고 지지적인 환경을 조성하는 것 역시 간과할 수 없는 요소인데요, 주변의 응원과 지지는 우리의 도전을 지속하게 하는 원동력이 되어줍니다. 나아가 주어진 과제에 온전히 집중할 수 있도록 방해 요인을 제거하고 한 번에 하나의 목표에 매진하는 것도 중요합니다.

목표를 향해 나아가는 여정에서 작은 성취를 거둘 때마다 스스로를 격려하고 보상하는 일을 잊지 마세요. 이는 도파민 수치를 높여 긍정적 정서를 강화할 뿐 아니라, 목표 달성과 관련된 행동 패턴을 강화하는 데에도 도움이 됩니다. 뇌의 보상회로가 활성화될수록 우리는 더욱 의욕적으로 앞으로 나아갈 수 있게 되는 것이죠. 이처럼 도파민의 힘을 빌려 동기를 유지하고 습관을 형성해나간다면 어느새 꿈꾸던 목표에 성큼 다가설 수 있을 것입니다.

물론 목표를 향한 길이 항상 순탄하지만은 않습니다. 때로는 벽에 부딪히기도 하고 좌절을 맛보기도 하죠. 그럴 때마다 포기하고 싶은 유혹에 빠질 수 있습니다. 그러나 그 순간에도 초심을 잃지 않는 것이 중요합니다. SMART 목표를 상기하며 원래의 계획에 다시금 집중하고, 도파민 분비를 촉진하는 활동으로 의욕을 되찾아 보세요. 산만함의 원인이 무엇인지 파악하여 이를 최소화하고, 생산성을 높일 수 있는 도구들을 적극 활용하는 것도 방법이 될 수 있습니다.

가장 중요한 것은 실패를 두려워하지 않는 자세입니다. 실패는 성장의 밑거름이 되어주는 소중한 경험입니다. 주어진 자원을 최대한 활용하고 우선순위에 따라 효율적으로 행동한다면 어떤 역경이 닥치더라도 결국 이겨낼 수 있을 것입니다. 작은 성취의 순간마다 여러분의 노력을 축하하고 격려하는 일을 잊지 마세요. 이는 자존감을 높이고 긍정적 정서를 강화함으로써 새로운 도전에 맞설 수 있는 원동력이 될 것입니다.

목표 달성의 길에서 도파민은 우리의 든든한 조력자가 되어줍니다. 때로는 방향을 수정해야 할 수도 있고, 진전이 더디게 느껴질 때도 있겠지만 포기하지 않는 한 결국 성장하고 있다는 사실을 잊지 마세요. 여러분 안에 무한한 잠재력이 있음을 믿고 그 가능성의 문을 활짝 열어보세요. SMART한 목표 설정과 꾸준한 실천, 그리고 도파민을 활용한 동기부여 전략으로 무장한다면 분명 여러분은 꿈꾸던 목표에 한 걸음 더 다가설 수 있을 것입니다.

생산적이고 건강한 습관을 형성하여 자연스럽게 도파민이 분비될 수 있는 환경을 만드세요. 독서나 명상, 운동 등 창의력의 원천이 되는 활동들을 즐기며 몸과 마음의 균형을 맞춰가는 것도 잊지 마세요. 무엇보다 자신을 믿고 끝까지 도전하는 자세가 필요합니다. 작은 승리의 순간마다 여러분의 발걸음을 응원하고 격려하세요. 때로 좌절의 순간이 찾아올지라도 희망을 놓지 말고 앞으로 나아가시기 바랍니다.

보상 시스템으로
도파민
자극하기

보상 시스템은 우리의 행동을 강화하고 동기를 북돋우는 강력한 도구입니다. 뇌의 도파민 시스템을 적절히 자극함으로써 성취감과 만족감을 높이고, 목표 달성에 박차를 가할 수 있기 때문이죠. 하지만 보상 시스템을 설계하고 활용함에 있어서는 각자의 특성과 가치관을 고려해야 합니다. 획일화된 보상 체계보다는 개인의 욕구와 성향에 맞춤화된 접근이 필요한 이유입니다.

보상의 유형은 크게 내재적 보상과 외재적 보상으로 나눌 수 있습니다. 내재적 보상은 활동 그 자체에서 비롯되는 즐거움과 성취감을 의미하는데요, 장기적인 동기부여에 특히 효과적입니다. 자발적으로 몰입하고 즐기는 경험 속에서 우리는 끊임없이 성장하고 발전할 수 있습니다. 반면 외재적 보상은 금전적 이득이나 지위, 명예 등 외부적 요인에 의해 주어지는 보상을 뜻합니다. 단기적으로는 강한 동기부여 효과가 있지만, 지나치게 의존할 경우 내적 동기가 약화될 우려가 있죠.

따라서 보상 시스템을 설계할 때에는 내재적 보상과 외재적 보상의 조화로운 균형을 이루는 것이 중요합니다. 물질적 보상과 함께 활동 자체에서 의미와 가치를 발견할 수 있도록 이끄는 데 주력해야 하는 것이죠. 스스로 목표를 설정하고 달성해나가는 과정에서 얻는 성취감이야말로 지속 가능한 성장의 원동력이 될 수 있습니다.

한편 보상 시스템을 운영함에 있어 몇 가지 주의해야 할 점이 있습니다. 우선 장기간 동일한 보상에 반복 노출되면 만족도가 떨어지고 동기부여 효과가 약화될 수 있습니다. 이를 예방하기 위해서는 다채로운 보상을 마련하고, 명확하고 공정한 기준을 수립해야 합니다. 또한 노력과 성과 간의 인과관계를 분명히 인식할 수 있도록 적시에 보상을 제공하는 것도 잊지 말아야 할 부분입니다.

아울러 보상 체계가 경직되어서는 안 됩니다. 구성원들의 다양한 욕구와 환경 변화에 귀 기울이며 유연하게 제도를 개선해나가야 합니다. 이를 위해 개방적인 자세로 피드백을 수렴하고, 창의적인 아이디어를 수용하려는 노력이 필요할 것입니다. 더불어 첨단 기술을 활용해 보상 제도를 편리하고 효율적으로 관리하는 방안도 적극 검토해볼 만합니다.

보상 시스템이 성공적으로 작동하기 위해서는 무엇보다 구성원 개개인의 가치관과 성향을 깊이 이해하는 것이 출발점이 되어야 합니다. 각자에게 진정으로 의미 있는 보상이 무엇인지 파악하고, 이를 토대로 맞춤형 보상 체계를 설계하는 것이 핵심이라 할 수 있습니다. 나아가 단순히 개인의 성과뿐 아니라 조직 전체의 미션과 비전 달성에 기여할 수 있는 보상 제도를 마련하는 것도 중요합니다.

이처럼 보상 시스템은 우리의 행동을 강화하고 동기를 고취하는 데 있어 매우 효과적인 수단입니다. 도파민 분비를 적절히 자극함으로써 성취감과 만족감을 극대화할 수 있기 때문이죠. 하지만 주의해야 할 점도 분명 존재합니다. 외재적 보상에 지나치게 의존하거나 변화하는 구성원들의 욕구를 간과한다면 오히려 역효과를 초래할 수 있습니다.

따라서 성공적인 보상 시스템을 설계하고 운영하기 위해서는 개인의 특성과 가치관에 부합하는 맞춤형 접근이 필수적이라 할 수 있습니다. 다양한 유형의 보상을 조화롭게 활용하고, 내재적 동기 부여에 방점을 두며, 투명하고 공정한 기준을 바탕으로 적시에 보상이 이루어져야 할 것입니다. 이와 함께 구성원들의 목소리에 귀 기울이고 환경 변화에 민첩하게 대응하는 유연성 또한 잊어서는 안 되겠죠.

보상을 통해 개인의 성장은 물론, 조직의 혁신과 발전을 이끌어내는 것, 그것이 바로 우리가 추구해야 할 궁극적인 목표라 할 수 있겠습니다. 도파민의 힘을 발판삼아 구성원 개개인의 잠재력이 마음껏 발휘될 수 있도록 뒷받침하는 보상 제도. 오늘도 우리는 그 이상적인 모습을 향해 한 걸음 더 나아가야 할 것입니다. 보상이 가진 무한한 가능성을 믿으며, 모두가 행복하고 보람찬 조직 문화를 만들어가기를 기대합니다.

작은 성공의 힘 도파민 활성화하기

작은 성공의 경험이 도파민을 활성화하고 동기부여를 강화한다는 사실은 우리에게 큰 희망을 줍니다. 거대한 꿈을 향해 달려가는 길에는 수많은 난관이 도사리고 있지만, 작은 성취들의 축적이 결국 우리를 목표로 이끌 것입니다. 도전의 과정에서 맞닥뜨리는 좌절과 실패에 주눅 들지 않고 꿋꿋이 전진할 수 있는 원동력, 그것이 바로 작은 성공이 선사하는 도파민의 선물입니다.

성공으로 가는 여정에서 우리는 먼저 거대한 꿈을 작고 구체적인 하위 목표로 나누어야 합니다. 뇌는 달성 가능한 현실적인 목표에 더욱 잘 반응하기 때문입니다. 막연하고 추상적인 목표는 오히려 움츠러들게 만들지만, 눈앞의 작은 도전들은 우리에게 용기를 북돋워 줍니다. 단계별로 세분화된 목표를 설정하고 하나씩 성취해 나갈 때,

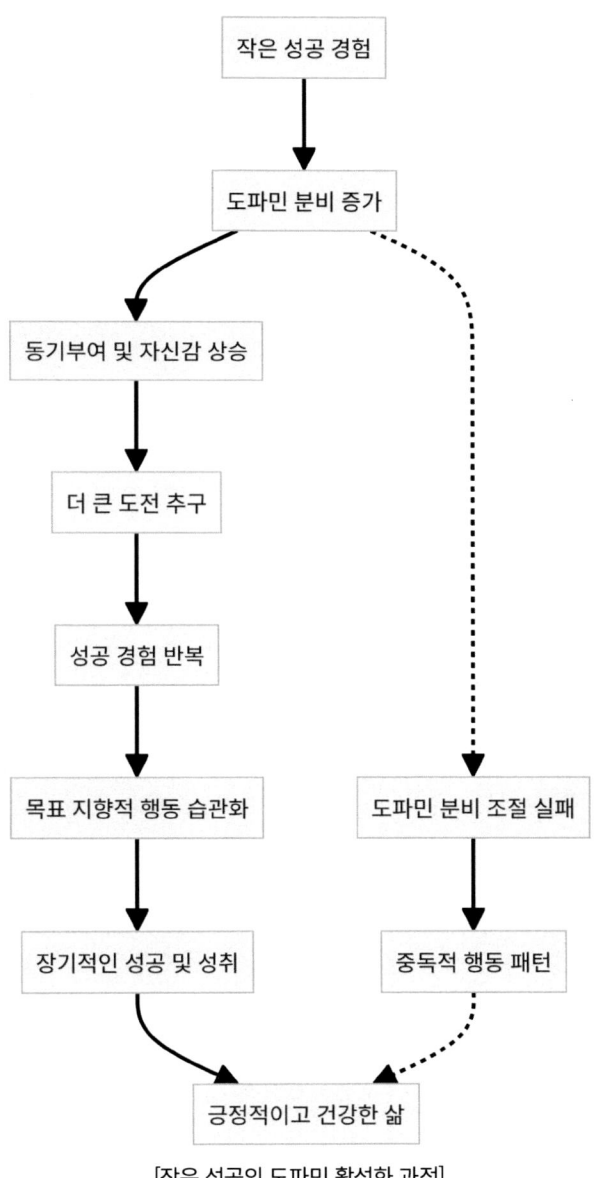

[작은 성공의 도파민 활성화 과정]

뇌 속에서는 도파민이 분비되어 지속적인 동기부여를 제공합니다.

가령 마라톤에 도전하는 러너를 생각해 봅시다. 풀코스를 완주한다는 원대한 목표도 중요하지만, 매일 조금씩 달리기 연습을 하고 기록을 경신하는 작은 성취들이 모여 결승선까지 이끌어 줍니다. 5km, 10km, 하프코스 완주와 같은 단기 목표들을 수립하고 달성하는 과정에서 도파민이 분비되어 열정을 북돋우고 동기를 강화할 수 있습니다. 마침내 풀코스를 완주하는 날, 그 감격의 순간은 그동안의 작은 성공들이 빚어낸 결실이라 할 수 있을 것입니다.

또한 작은 성공의 경험은 긍정적인 자기 대화를 통해 더욱 강화될 수 있습니다. 우리는 종종 내면의 비판적인 목소리에 휘둘려 자신감을 잃곤 합니다. 하지만 부정적인 생각을 긍정적인 메시지로 전환하는 연습은 도파민 분비를 촉진하고 동기를 북돋울 수 있습니다. "할 수 있어", "잘하고 있어"와 같이 스스로를 응원하며 작은 성공을 축하하는 것, 그것이 바로 우리를 더 높은 곳으로 이끄는 원동력이 될 수 있습니다.

도전의 순간을 마음속으로 그려보는 시각화 전략 또한 강력한 동기부여 도구가 될 수 있습니다. 스포츠 선수들이 경기를 앞두고 최상의 퍼포먼스를 상상하며 심상 훈련을 하는 것처럼, 우리도 작은 성공의 순간을 떠올리며 도전 의식을 고취할 수 있습니다. 목표를 이뤘을 때의 환희와 성취감을 생생하게 그려봄으로써 도파민 분비를 촉진하고 실제로 그 감정을 경험할 수 있게 됩니다.

물론 우리는 앞으로 나아가는 과정에서 시련과 역경을 피할 수 없습니다. 때로는 절망의 늪에 빠져 허우적거릴 수도 있습니다. 하지만 작은 성공의 경험들을 디딤돌 삼아 다시 일어설 수 있는 힘을 기를 수 있습니다. 포기하고 싶은 순간에도 지금까지의 성취들을 되새기며 자신을 믿어주세요. 지금의 고난이 끝나면 분명 한층 성장한 모습으로 빛날 자신을 만나게 될 것입니다.

진정한 성공은 거창한 업적에만 있는 것이 아닙니다. 오히려 그 결실을 맺기까지 묵묵히 땀 흘려온 수많은 작은 노력들이야말로 성공의 진정한 주인공이라 할 수 있습니다. 우리의 뇌는 그 사실을 잘 알고 있습니다. 작은 성취의 기쁨에 도파민을 선물하며 앞으로 나아갈 용기를 북돋우는 것입니다. 작은 성공에 주목하고 도파민을 활성화하는 습관은 우리를 어떤 역경에도 흔들리지 않는 강인한 존재로 성장시킬 것입니다.

이 순간에도 여러분 안에는 위대한 잠재력이 숨 쉬고 있습니다. 비록 그 빛이 미약할지라도 결코 꺼뜨리지 마세요. 작은 성공의 불씨를 지펴 나가다 보면 어느새 그 빛은 밝게 타올라 여러분의 인생을 환히 비출 것입니다.

도파민 분비를
촉진하는 습관만들기

도파민이 선사하는 무한한 가능성의 세계로 당신을 초대합니다. 삶의 질을 높이고 싶다면, 도파민 분비를 촉진하는 활동들을 일상에 적극적으로 도입해보세요. 눈부신 성과를 거두는 사람들의 비결, 바로 도파민에 있습니다.

활력 넘치는 아침을 위해 하루를 산책으로 시작해보는 건 어떨까요? 상쾌한 공기를 마시며 걷다 보면 어느새 기분이 좋아지고 두뇌가 선명해질 것입니다. 운동은 엔돌핀과 도파민 분비를 촉진해 우리를 긍정적인 에너지로 가득 채워주니까요. 일과 중 짧은 스트레칭 시간을 갖는 것도 활력 충전에 효과적입니다. 계단 오르기, 자전거 타기 등 일상의 크고 작은 움직임을 습관화한다면 활기찬 하루하루를 보낼 수 있을 것입니다.

규칙적인 명상과 심호흡 수련은 내적 평화를 경험하게 해줍니다. 편안한 자세로 고요함 속에 깊이 침잠할 때, 강렬한 집중력과 차분한 안정감을 선사하는 도파민이 분비됩니다. 복잡한 생각이 잦아들고 지금 이 순간에 온전히 머무는 법을 배우게 되지요. 명상을 통해 얻은 집중력과 평정심은 일상의 문제들을 슬기롭게 헤쳐나가는 데 큰 도움이 됩니다. 잠깐의 여유만 내어도 충분합니다. 고된 하루 끝에 편안한 휴식을 취하며 자신만의 안식처를 만들어 보세요. 고요한 평온이 깃든 그곳에서 재충전의 시간을 가질 수 있을 것입니다.

예술적 영감에 빠져볼 시간입니다. 창의력은 누구에게나 잠재되어 있는 놀라운 재능이니까요. 도화지에 마음껏 그림을 그려보거나 악기를 연주하며 즐거운 시간을 보내보세요. 새로운 기술을 배우려 도전해 보는 것은 어떨까요? 뜨개질, 가죽공예, 요리 등 평소 관심이 있었던 분야에 뛰어들어 보세요. 무에서 유를 창조하는 기쁨, 창작물이 완성되어 가는 과정에서 느끼는 성취감은 강력한 도파민 자극제가 되어줍니다. 상상력의 한계를 넓히고 새로운 생각을 탐험하며 창의성을 마음껏 발휘해 보세요. 세상을 바라보는 새로운 시각을 얻게 될 것입니다.

감사의 일기를 써보는 습관은 어떨까요? 소소한 일상 속 행복을 발견하는 눈을 가질 때, 삶은 더욱 풍성해집니다. 매일 저녁 오늘 하루 감사했던 일 세 가지를 적어보세요. 사랑하는 가족과 함께한 식사 시간, 친구와 나눈 즐거운 대화, 노을 지는 하늘의 황홀한 아름다움까지. 감사함으로 가득 찬 마음은 어떤 역경도 이겨낼 수 있는 희망을 선사합니다. 스스로에게 힘이 되는 응원의 메시지를 건네는 것도 잊지 마세요. 자신을 사랑하고 존중할 줄 아는 당신은 이미 충분히 빛나는 존재랍니다. 긍정적인 내면의 목소리에 귀 기울이며 더 나은 내일을 그려보세요.

열정을 쏟을 만한 목표를 세워보는 것은 어떨까요? 구체적이고 달성 가능한 계획을 세우고 실천해 나갈 때, 우리는 끝없는 동기부여를 경험하게 됩니다. 목표를 향해 전진할 때마다 성취감을 맛볼 수 있고, 그 과정에서 배우고 성장하는 즐거움을 만끽할 수 있습니다. 작은 성공의 경험들이 모여 큰 도전을 향한 자신감으로 이어지는 법이지요. 보상 시스템을 적절히 활용한다면 도파민 효과를 배가시킬 수 있어요. 목표 달성 시 스스로에게 어떤 선물을 줄 것인지 미리 정해두는 거예요. 매력적인 보상을 상상하며 지치지 않고 전진해 나갈 동력을 얻을 수 있을 거예요.

정서적 유대감 역시 삶의 원동력이 되어줍니다. 응원해 주고 이해해 주는 존재가 있다는 사실만으로도 우리는 큰 위안을 받습니다. 사랑하는 사람들과 깊이 있는 대화를 나누고, 마음을 터놓을 수 있는 진실한 관계를 쌓아가 보세요. 웃음 가득한 시간을 함께 보내고, 값진 추억을 만들어가다 보면 어느새 삶의 활력소가 되어 있을 거예요. 더 나아가 자신의 재능과 열정을 나눌 수 있는 봉사의 기회를 가져보는 것은 어떨까요? 누군가에게 도움의 손길이 되어줄 때, 우리의 마음은 더없이 풍요로워집니다. 타인과 함께 성장하는 기쁨을 느껴보세요.

도파민이 우리에게 전하는 메시지는 명확합니다. 새로운 도전을 즐기고, 열정을 쫓으며, 감사와 사랑의 마음을 키워나갈 것. 비록 그 길이 쉽지만은 않겠지만, 포기하지 않는 한 반드시 값진 성취를 이뤄낼 수 있을 것입니다. 때로는 넘어지고 좌절할 수도 있습니다. 하지만 실패를 두려워하지 말고 도전을 멈추지 마세요. 작은 성공들이 모여 큰 결실을 맺듯, 느리지만 꾸준한 걸음으로 나아간다면 결국 여러분은 꿈꾸던 목표에 다다를 수 있을 테니까요.

여러분 안에 내재된 무한한 잠재력을 믿으세요. 도파민은 우리가 끊임없는 변화와 성장을 이뤄낼 수 있는 존재라는 사실을 환기시켜

줍니다. 긍정적인 시각으로 세상을 바라보고, 작은 실천으로 하루하루를 채워가다 보면 어느새 활기찬 에너지로 가득 찬 자신을 발견하게 될 것입니다. 도전을 즐기고 열정을 향해 달려가는 멋진 모습, 지금 바로 그 여정을 시작해 보세요. 설레는 마음으로 한 걸음 한 걸음 전진해 나가다 보면, 그 어느 때보다 빛나는 삶을 살아갈 수 있을 것입니다. 도파민이 선사하는 무한한 가능성을 믿고, 오늘도 힘찬 발걸음을 내디뎌 보세요. 긍정의 힘을 믿는 여러분의 앞날에 축복이 가득하기를 기원합니다.

동기부여를 위한 도파민 활용 Check-List

목표 달성과 성취를 향한 여정에서 우리에게 필요한 것은 바로 강력한 동기부여입니다. 그리고 이러한 동기부여의 핵심에는 도파민이라는 신경전달물질이 자리잡고 있습니다. 도파민은 보상과 쾌감을 예측할 때 분비되어 동기와 행동을 자극하는 역할을 하기 때문입니다.

그렇다면 우리는 어떻게 도파민을 효과적으로 활용하여 목표 달성을 위한 원동력을 얻을 수 있을까요? 그 해답은 바로 실천 가능한 전략들을 체크리스트로 만들어 꾸준히 실행하는 것에 있습니다.

목표 설정 단계에서부터 도파민 분비를 촉진할 수 있는 방법은 앞서 설명한 SMART 원칙을 따르는 것입니다. 구체적이고 Specific, 측정 가능하며 Measurable, 달성 가능하고 Achievable, 현실적이며

Realistic, 기한이 정해진 Time-bound 목표를 세우는 것이 바로 그것입니다. 이렇게 명확하고 실현 가능한 목표를 설정하면 도전 의식이 고취되고 성취감을 맛볼 수 있는 기회도 많아져 도파민 시스템이 활성화됩니다.

또한 목표를 향해 나아가는 과정에서 작은 성공과 진척상황을 축하하며 보상하는 것도 매우 효과적입니다. 큰 목표를 이루기까지 거쳐야 할 과정을 세분화하고, 각 단계를 성공적으로 마칠 때마다 스스로에게 격려와 응원의 메시지를 보내는 것만으로도 만족감과 함께 도파민이 솟구칠 수 있기 때문입니다.

이러한 보상 시스템은 목표 달성을 위한 습관 형성에도 도움이 됩니다. 매일 정해진 시간에 과제에 몰입하고, 계획한 내용을 실천하는 것 자체를 즐거운 일과 연결짓는다면 습관이 형성되기까지 도파민 분비가 촉진되어 지속할 수 있는 원동력을 얻게 될 것입니다.

진행 상황을 한 눈에 볼 수 있도록 시각화하는 것은 동기부여에 효과적인 또 다른 방법입니다. 목표 달성률을 그래프나 도표로 나타내 눈으로 확인하는 것만으로도 뿌듯함과 성취감이 배가 되어 도파민이 분비되고, 이는 곧 지속적인 동기부여로 이어지게 됩니다.

구분	설명	사용 방법
일일 목표	매일 달성해야 할 작은 목표들 설정	- 각 작업의 체크박스 마련 - 완료 시 체크
주간 목표	주별로 달성해야 할 주요 목표들 설정	- 주요 이정표 목록화 - 각 목표의 진행 상황 바 표시
월간 목표	한 달 간 달성해야 할 큰 목표 설정	- 월간 이정표 및 우선순위 설정 - 월말 리뷰 섹션
진행 상황	목표 달성률을 시각적으로 표시	- 진행률 그래프 또는 게이지 사용 - 색상 코드로 진행 상태 표시
성과 리뷰	완료된 목표 및 개선 필요 사항 리뷰	- 월별 또는 분기별 리뷰 섹션 - 성취와 개선점 목록화

[목표 달성 트래커]

긍정적인 자기 대화와 암시의 힘을 빼놓을 수 없습니다. "할 수 있다!", "보란 듯이 해내고 말 것이다!"와 같은 긍정적인 문구를 반복하여 되뇌이는 것만으로도 스스로에 대한 믿음과 확신이 생겨나 어려움이 닥칠 때에도 포기하지 않고 도전해 나갈 수 있는 힘을 얻을 수 있습니다.

목표를 향해 달려가는 여정은 결코 쉽지만은 않습니다. 순간순간 넘어야 할 벽에 부딪히고 좌절감을 맛볼 때도 있기 마련입니다. 이럴 때일수록 곁에서 나를 응원하고 지지해 주는 사람들과 교류하며 함께 기뻐하고 서로의 성과를 축하하는 시간을 갖는 것이 중요합니다. 관심과 격려, 지지의 메시지를 주고받을수록 어려움을 이겨내는 힘과 함께 도파민 촉진 효과까지 얻을 수 있기 때문입니다.

이처럼 동기부여의 원천인 도파민을 적극 활용하는 전략을 체크리스트로 정리하고 실천해 나간다면 어떤 목표라도 반드시 성취해 낼 수 있는 강력한 원동력을 얻게 될 것입니다. 구체적이고 명확한 목표 설정으로 도전 의식을 불러일으키고, 작은 성공과 진척상황을 축하하고 보상하며, 과정을 시각화하여 성취감을 고취시키는 동시에, 긍정적 자기 암시와 따뜻한 지지를 곁들인다면 만족스러운 결실을 얻어내는 데 한층 더 가까이 다가설 수 있을 것입니다.

3장

뇌과학으로
학습능력
향상시키기

뇌과학으로 학습 능력 향상시키기

도파민은 성공과 행복으로 향하는 열쇠와도 같은 역할을 합니다. 우리는 도전적인 과제에 직면할 때, 쉽게 좌절하고 포기하고 싶은 유혹을 느끼게 되는데, 이럴 때 우리를 다시 일으켜 세우고 목표를 향해 나아가게 하는 원동력이 바로 도파민입니다.

우리 뇌에서 분비되는 신경전달물질 중 하나인 도파민은 동기부여, 보상, 학습 등 다양한 영역에서 중추적 기능을 담당합니다. 특히 새로운 기술을 습득하고 지식을 학습하는 데 있어, 적절한 수준의 도파민은 필수불가결한 요소라 할 수 있습니다. 그렇다면 우리는 어떠한 방식으로 도파민 분비를 촉진하여 학습 능력을 향상시킬 수 있을까요?

먼저 도파민 분비에 큰 영향을 미치는 요인 중 하나는 영양 섭취입니다. 도파민 합성에 필요한 아미노산인 타이로신이 풍부한 식품을 섭취하는 것이 도움이 됩니다. 아몬드, 아보카도, 바나나, 달걀, 생선, 콩제품 등이 대표적인 예시입니다. 또한 비타민 B6, 비타민 D, 오메가-3 지방산, 항산화 물질이 풍부한 식단을 구성하는 것도 도파민의 생성과 신호전달에 기여할 수 있습니다.

두 번째로 질 좋은 수면은 도파민 조절과 학습 능력 향상에 필수

식품/영양소	설명	대표 식품
타이로신	도파민 합성에 필수적인 아미노산	아몬드, 아보카도, 바나나, 달걀, 생선, 콩제품
비타민 B6	도파민 생성을 돕는 데 필요, 신경계 기능 지원	바나나, 아보카도, 감자, 시금치, 닭고기
비타민 D	뇌의 도파민 수준과 신경 기능에 영향을 미침	연어, 정어리, 우유 및 강화 식품
오메가-3 지방산	뇌 건강 유지 및 도파민 수용체 기능 개선에 도움	연어, 정어리, 호두, 아마씨
항산화 물질	세포를 보호하고, 도파민 분비를 촉진할 수 있음	블루베리, 딸기, 녹차, 아스파라거스

적입니다. 수면 중에는 도파민 시스템이 역동적으로 변화하며, 이는 시냅스 가소성 조절과 기억 공고화에 중요한 역할을 수행합니다. 따라서 규칙적인 수면 습관을 들이고, 숙면에 도움이 되는 환경을 조성하며, 수면 전 자극적인 활동을 피하는 등의 노력이 요구됩니다.

셋째, 음악과 리듬 패턴은 뇌를 자극하여 도파민 생성을 촉진할 수 있습니다. 즐겁게 느껴지는 음악을 듣는 것은 뇌의 보상 시스템을 활성화시켜 도파민 분비로 이어집니다. 이는 학습의 과정을 보다 즐겁고 몰입감 있게 만들어 학습 결과를 향상시키는 데 도움이 될 수 있습니다. 리드미컬한 청각 자극은 작업 기억력과 주의력 향상에도 긍정적인 영향을 미칠 수 있다고 합니다.

호기심과 열린 마음가짐으로 새로운 주제를 탐색하는 것 역시 도파민을 자극하는 효과적인 방법이 될 수 있습니다. 관심 있는 분야의 서적을 읽거나 온라인 강의를 수강하는 등 다양한 경로를 통해 지식의 폭을 넓혀 나가는 과정에서 자연스럽게 도파민이 분비되어 학습에 대한 동기와 집중력이 높아질 수 있습니다.

마지막으로 규칙적인 신체 활동은 도파민 분비를 촉진하여 학습 능력 향상에 기여할 수 있습니다. 신체가 움직임에 반응하여 뇌에서는 도파민이 분비되는데, 이는 새로운 정보를 처리하고 기억하는 뇌의 능력을 향상시키는 데 도움이 됩니다. 주의력 결핍이나 학습장애가 있는 경우에도 규칙적인 운동은 증상 개선에 큰 효과가 있다고 알려져 있습니다.

이처럼 영양, 수면, 음악, 호기심, 운동 등 일상에서 실천 가능한 다양한 방법들을 통해 우리는 도파민 분비를 촉진하고 학습 능력을 한 단계 업그레이드할 수 있습니다. 물론 개인차는 존재하겠지만, 이러

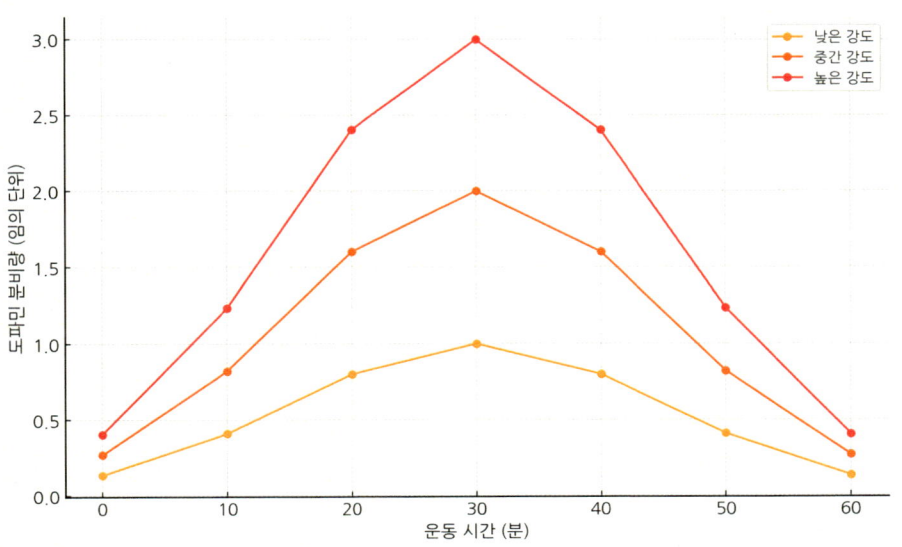

[운동 강도와 시간에 따른 도파민 분비량의 변화]

한 생활 습관의 작은 변화들이 축적되어 결국에는 우리의 잠재력을 발견하고 꽃피우는 토대가 되어 줄 것입니다. 도전 정신을 바탕으로 창의성을 발휘하기 위해서는 열린 사고방식이 필수적입니다. 새로운 아이디어에 겸허히 귀 기울이고, 이를 직접 행동으로 옮기려는 자세만 갖춘다면 누구나 창의적인 인재로 성장해 나갈 수 있을 것입니다.

뇌과학의 연구 결과를 토대로, 건강한 생활 습관과 적극적인 태도를 통해 우리는 도파민을 활성화하고 학습 능력을 높여갈 수 있습니다. 더불어 이는 학습뿐만 아니라 창의성 발현, 동기부여, 목표달성 등 삶의 다양한 영역에서도 긍정적인 변화를 이끌어낼 수 있을 것이라 기대합니다.

시냅스 가소성과 도파민의 비밀

학습에 성공하기 위해서는 우리 뇌의 신비로운 메커니즘을 이해해야 합니다. 특히 시냅스 가소성과 도파민의 역할이 중요한데요. 이 둘의 조화로운 작용이 학습 능력 향상의 열쇠가 되기 때문입니다.

시냅스 가소성은 경험에 따라 뉴런 간 연결의 효율성이 변화하는 뇌의 적응 능력을 말합니다. 새로운 정보를 받아들이고 기억하는 과정에서 시냅스의 강도가 조절되는 것이죠. 이때 학습을 촉진하는 주된 역할을 하는 것이 바로 신경전달물질 도파민입니다. 보상이 주어지면 중뇌의 복측피개영역(VTA)에서 도파민이 다량 분비됩니다. 이 도파민은 시상과 전두엽으로 투사되어 동기, 집중력, 작업기억 등 인지기능을 활성화합니다. 또한 해마와 측좌핵에도 작용하여 장기 기억 형성에 기여하죠. 흥미롭게도 도파민은 예측보다 실제 보상이 클 때 더 많이 분비됩니다. 이를 예측오차 학습이라고 하는데요. 이는 새로운 정보에 주의를 기울이고 호기심을 자극하며, 학습동기를 유발합니다. 도파민은 장기강화^{LTP}를 촉진하고 AMPA 수용체 발현을 증가시켜 시냅스를 강화합니다. 또 NMDA 수용체의 기능을 활성화해 학습과 기억에 중추적인 역할을 하죠. 반면 만성 스트레스나 우울증은 전전두엽과 해마의 도파민을 고갈시킵니다. 이는 신경가소성 저하로 이어져 학습과 기억력에 부정적 영향을 미치게 됩니다.

그렇다면 어떻게 도파민 분비를 촉진하여 학습능력을 높일 수 있을까요?

먼저 성취감을 느낄 수 있도록 명확한 학습목표를 설정하고, 작은 성공의 경험을 쌓는 것이 좋습니다. 도파민은 긍정적 피드백에 의해 활성화되기 때문이죠. 흥미와 동기를 유발하는 학습 콘텐츠를 활용하는 것도 도움이 됩니다. 소설이나 영화처럼 이야기 형식을 빌려 정보를 전달하거나, 감각적 자극을 주는 시청각 자료를 곁들이면 학습효과를 배가할 수 있습니다.

또한 운동, 명상, 숙면 등 건강한 생활습관으로 도파민 분비를 촉진할 수 있습니다. 규칙적인 유산소운동은 해마의 도파민을 증가시켜 인지기능을 향상시키죠. 명상과 요가도 스트레스를 완화하고 전두엽 기능을 강화해 학습에 도움이 됩니다.

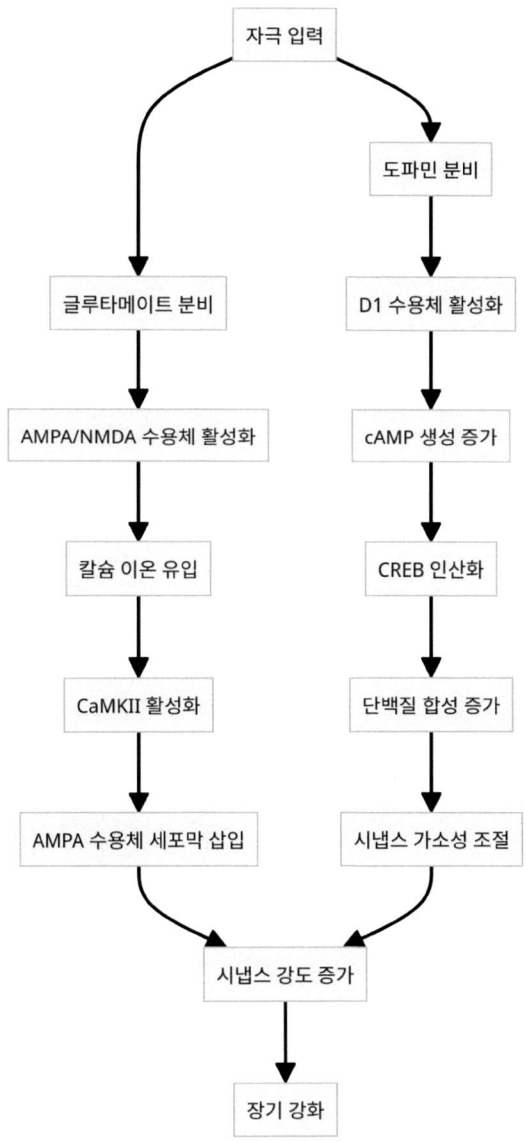

[뇌의 시냅스 가소성과 도파민의 작용 과정]

도파민 활성화에 좋은 식품을 챙겨 먹는 것도 중요합니다. 티로신이 풍부한 달걀, 치즈, 견과류와 함께 오메가-3 지방산이 든 등푸른 생선, 아보카도를 보충하면 좋죠. 비타민 B, C, D의 섭취도 도파민 합성을 촉진합니다. 이처럼 시냅스 가소성과 도파민의 통합적 이해를 바탕으로 전략적 접근을 한다면, 누구나 학습 잠재력을 극대화할 수 있습니다. 두뇌의 무한한 가능성을 일깨워, 삶의 전반에 걸쳐 긍정적 변화를 이끌어낼 수 있을 것입니다.

도파민은 호기심과 재미를 느낄 때 활발히 분비되어 학습을 촉진합니다. 따라서 가장 효과적인 학습법은 즐거운 마음으로 임하는 것이죠.

도파민 분비를 촉진하는 학습 환경 조성법

주의력을 집중하고 몰입감을 높이는 학습 환경은 도파민 분비에 최적화된 공간입니다. 최근 연구에 따르면 공간의 조도, 온도, 청결도, 색감 등이 뇌의 도파민 활성도에 직간접적인 영향을 미칠 수 있다고 합니다. 이는 학습 효율성과 창의성 증진에도 기여할 수 있는 중요한 요인이 될 수 있습니다.

조명의 경우, 자연광이 학습에 가장 이상적이지만 현실적인 제약이 있다면 색온도가 5000K 이상인 백색광 계열의 조명을 추천합니다. 이는 각성 효과와 집중력 향상에 도움이 되는 것으로 알려져 있습니다. 반면 노란빛이 강한 조명은 멜라토닌 분비를 촉진해 오히려 학습 능률을 저하시킬 수 있으니 주의가 필요합니다.

온도 또한 무시할 수 없는 요소입니다. 뇌 활동에 최적화된 온도는 20~25도 사이로, 이 범위를 벗어나면 집중력이 분산되기 쉽습니다. 특히 여름철 더위로 인한 인지 기능 저하를 방지하기 위해서는 적정 온도 유지가 필수적이라 할 수 있겠습니다.

정리정돈 역시 간과해서는 안 될 부분입니다. 산만한 환경은 시각적 스트레스 요인이 되어 집중을 방해합니다. 책상 위는 물론 서랍이나 책꽂이까지 잘 분류하고 정돈하는 습관은 공부에 대한 심리적 부담감을 줄이고 학습 동기를 북돋우는 데 기여할 것입니다.

색채 배색도 도파민 활성화에 영향을 미칠 수 있습니다. 차분하면서도 생동감 있는 그린과 블루 계열의 색상은 안정감을 주면서 동시에 창의력을 자극한다고 합니다. 반면 화려하고 강렬한 원색은 장시간 노출 시 눈의 피로감을 유발할 수 있으므로 포인트 컬러로만 활용하는 것이 좋습니다. 인체공학적 설계 또한 중요합니다. 허리와 목에 무리가 가지 않도록 책상과 의자 높이를 조절하고, 장시간 앉아있어도 피로감을 최소화할 수 있는 쿠션감 있는 의자를 선택하는 것이 바람직합니다. 발 받침대나 팔 거치대 같은 보조도구를 활용하면 바른 자세 유지에 도움이 될 것입니다.

자연 요소를 도입하는 것도 도파민 분비에 긍정적인 자극이 될 수 있습니다. 화분이나 액자를 통해 자연의 생동감과 싱그러움을 간접적으로나마 느낄 수 있다면 심신의 안정과 쾌적함을 도모할 수 있을 것입니다. 나아가 창문 너머로 녹지대나 하늘을 조망할 수 있는 시야를 확보한다면 금상첨화겠죠.

BGM으로는 자신의 취향과 학습 스타일에 맞는 곡을 선별하는 것이 좋습니다. 가사가 없는 클래식이나 재즈, 자연의 소리를 녹음한 앰비언트 사운드 등이 집중력 향상에 도움이 된다고 합니다. 다만 음량은 너무 크지 않게 조절하는 것이 바람직할 것 같네요.

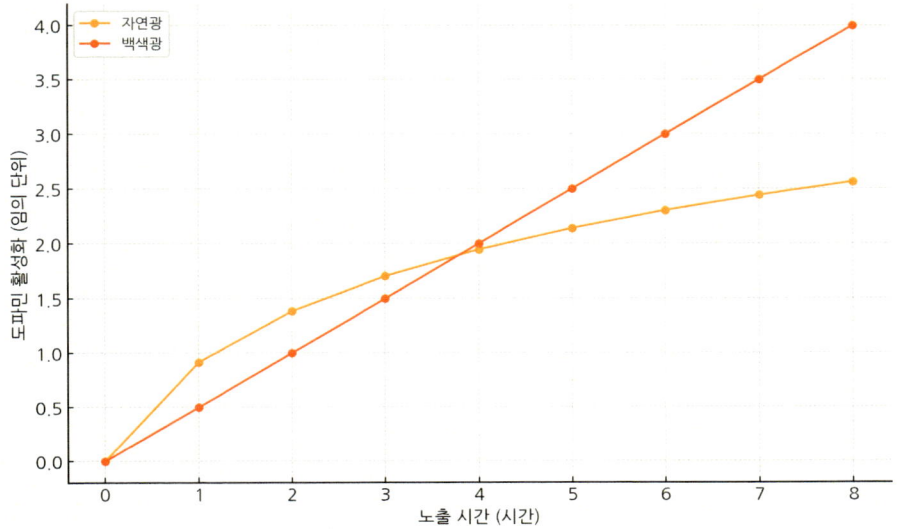

[조명에 따른 도파민 활성화 정도]

다양한 종류의 콘텐츠를 활용하는 것도 학습 동기 유발에 도움이 됩니다. 특히 시청각 자료는 학습 내용을 입체적으로 이해하는 데 효과적입니다. 영상, 애니메이션, 인터랙티브 시뮬레이션 등을 적극 도입한다면 지루할 수 있는 주제도 흥미롭게 접근할 수 있을 거예요. 학습 목표와 연계된 에듀테인먼트 콘텐츠라면 더할 나위 없겠죠.

팀 프로젝트나 토론 수업을 통해 협력 학습의 기회를 갖는 것도 중요합니다. 동료들과 의견을 나누고 피드백을 주고받는 소통의 과정은 새로운 관점과 아이디어를 습득하게 해주며, 서로 격려하고 자극하면서 시너지 효과를 낼 수 있습니다. 나아가 타인과의 유대감은 행복감과 만족감을 선사하죠.

목표 달성에 따른 보상 체계를 마련하는 것도 도파민 활성화에 도움이 됩니다. 학습 단계별로 구체적인 목표를 세우고, 달성 시 스스로에게 포상하는 습관을 들이면 성취감이 배가 될 거예요. 물질적 보상 외에도 휴식이나 취미 활동 등으로 자신을 위로하고 격려하는 시간을 갖는 것도 필요합니다.

지금까지 살펴본 학습 환경 조성 팁을 종합해보면, 쾌적하고 안락한 공간에서 감각적 자극과 심리적 동기부여를 함께 제공하는 것이 도파민 활성화의 핵심이라 할 수 있겠습니다. 물론 개인의 성향과 여건에 맞게 응용하는 것이 바람직할 것입니다. 중요한 것은 학습이 지루한 의무가 아닌, 즐겁고 보람찬 경험이 되도록 세심하게 환경을 설계하는 일이겠죠.

기억하세요. 행복한 공부는 도파민이 깨어날 때 시작됩니다. 지금 바로 주변을 둘러보며 나만의 최적화된 학습 공간을 만들어보는 것은 어떨까요?

간격학습으로 도파민 자극하기

간격학습은 학습의 패러다임을 바꾸고 있습니다. 최근 연구에 따르면, 학습 내용을 여러 번에 걸쳐 반복하는 간격학습이 장기 기억 형성에 더 효과적이라고 합니다. 그 비밀은 바로 '도파민'에 있습니다.

뇌에서 학습과 동기부여를 담당하는 신경전달물질인 도파민은 새로운 정보를 습득할 때 활발히 분비됩니다. 간격학습은 이러한 도파민의 특성을 활용하여 학습 효과를 극대화합니다. 일정한 간격을 두고 학습 내용을 반복하면, 매번 '새로운' 자극으로 인식되어 도파민이 분비되는 것이죠.

실제로 언어 학습, 수학, 과학 등 다양한 분야에서 간격학습의 효과가 입증되었습니다. 단순 암기뿐만 아니라 깊이 있는 이해와 장기 기억 형성에도 도움이 된다고 합니다. 운동 기술이나 악기 연주와 같은 실용 분야에서도 간격학습이 효과적이라는 연구 결과가 있습니다.

간격학습의 구체적인 방법으로는 학습 내용을 작은 단위로 나누

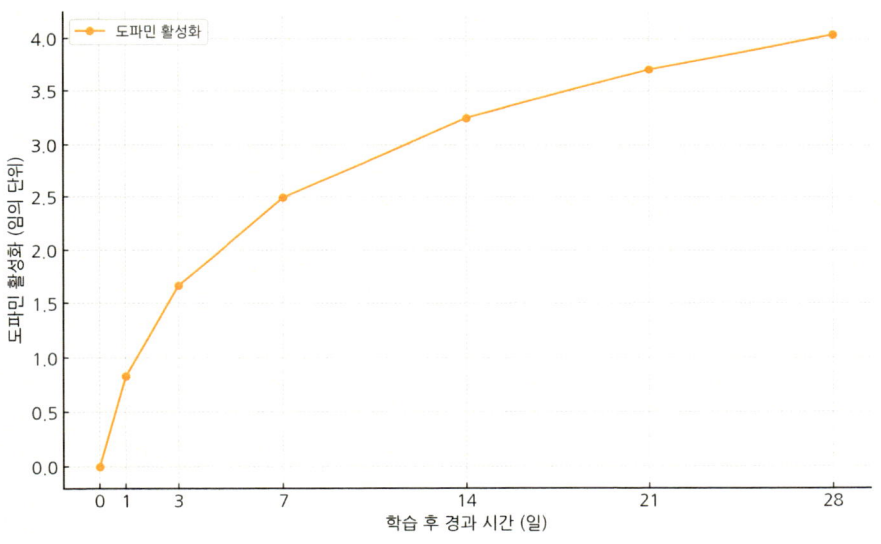

[간격학습에 따른 도파민 활성화]

어 매일 조금씩 꾸준히 공부하는 것이 좋습니다. 복습 간격을 점차 늘려가는 것도 효과적입니다. 처음에는 하루 간격으로, 점차 3일, 일주일로 늘려가는 식이죠.

디지털 도구를 활용하면 복습 스케줄을 체계적으로 관리할 수 있

습니다. 플래시카드 앱이나 스페이스드 리피티션 소프트웨어를 사용하면 자동으로 복습 시기를 알려주어 편리합니다. 학습한 내용을 실제로 활용해보고 피드백을 구하는 것도 중요합니다. 단순히 암기에 그치지 않고 적용하고 토론하는 과정에서 더 깊은 이해를 얻을 수 있기 때문입니다.

간격학습이 처음에는 어렵게 느껴질 수 있습니다. 하지만 조금씩 실천하다 보면 어느새 습관이 될 것입니다. 동기부여가 떨어질 때는 작은 목표를 세우고 달성할 때마다 스스로에게 보상을 주는 것이 도움됩니다. 가족이나 친구에게 응원을 요청하는 것도 좋은 방법이죠.

간격학습은 단지 공부 기술에 그치지 않습니다. 새로운 기술을 배우거나 창의적 프로젝트에 도전할 때에도 간격학습의 원리를 적용할 수 있습니다. 지속적인 자극과 동기부여로 도파민을 활성화하는 것이 핵심입니다.

기억력 향상을 위한 도파민 활용 비법

감정은 기억의 문을 여는 열쇠라고 할 수 있습니다. 그 중에서도 기쁨, 행복, 성취감 등 긍정적인 감정은 도파민 분비를 촉진하여 기억력 향상에 도움을 줄 수 있습니다. 우리가 감정적으로 충만한 경험을 할 때, 뇌의 측좌핵에서 도파민이 분비되어 해당 기억과 관련된 신경 연결을 강화합니다. 이는 추후에 그 기억을 더욱 선명하고 오래도록 떠올릴 수 있게 만듭니다.

이러한 도파민의 효과를 활용하기 위해서는 먼저 감정적으로 몰입할 수 있는 활동을 찾아 참여하는 것이 중요합니다. 자신이 좋아하는 음악을 듣거나, 감동적인 영화를 보는 등 강렬한 감정을 불러일으키는 활동들이 도파민 분비를 촉진하고 기억 형성을 강화할 수 있습니다. 특히 운동은 뇌의 도파민 생성을 증가시키는 것으로 알려져 있어, 기억력 향상에 효과적인 방법 중 하나입니다. 일주일에 대부분의 날, 30분 이상 중등도 강도의 운동을 하는 것이 권장됩니다.

또한 연상 기억법을 사용하여 정보를 더욱 기억하기 쉽게 만드는 것도 도움이 될 수 있습니다. 감정을 자극하는 장소나 사물과 기억해야 할 정보를 연결 짓는 방식으로, 로쿠스 기억법이나 페그 시스템 등을 활용해 볼 수 있습니다. 이렇게 정보와 감정적 경험을 연결 지으면 뇌의 도파민 분비가 촉진되어 기억이 오래 보존될 가능성이 높아집니다.

감성 지능을 기르는 것 또한 도파민 분비와 기억력 향상에 기여할 수 있습니다. 감성 지능이 높은 사람일수록 자신과 타인의 감정을 잘 인식하고 조절할 수 있습니다. 이는 감정에 대한 자각과 통제력을 높여주어 도파민 분비로 이어지고, 결과적으로 기억 형성에 긍정적인 영향을 미칩니다. 감성 지능을 연습하기 위해서는 명상, 일기 쓰기, 감정을 표현하는 대화 나누기 등 다양한 방법을 시도해 볼 수 있습니다.

기억력 향상을 위해서는 생활 습관 개선도 필수적입니다. 충분한 수면은 도파민이 기억 처리에 효과적으로 작용할 수 있도록 도와줍니다. 수면 중에는 기억이 정리되고 통합되는 과정이 일어나므로, 규칙적인 수면 패턴을 유지하는 것이 중요합니다. 또한 아몬드, 아보카도, 바나나 등 도파민 생성을 촉진하는 식품을 섭취하는 것도 기억력에 도움이 될 수 있습니다. 타이로신이 풍부한 음식이나 비타민 B6가 풍부한 음식은 뇌의 도파민 합성을 증진시킵니다.

스트레스와 불안은 기억력에 부정적인 영향을 미칠 수 있습니다. 이를 해소하기 위해 마음챙김 명상을 연습하는 것은 매우 유용한 방법입니다. 현재에 집중하고 판단하지 않고 수용하는 자세로 명상을 하면, 감정에 대한 자각과 조절력이 향상되어 도파민 분비와 기억력 개선으로 이어질 수 있습니다. 명상은 스트레스 호르몬인 코르티솔 수치를 낮추고, 뇌의 해마와 전전두엽의 활성화를 촉진하여 기억 형성과 인출에 도움을 줍니다.

일상에서의 작은 실천이 쌓여 기억력 향상으로 가는 발판이 됩니다. 아침에 눈을 뜰 때, 하루의 목표를 떠올리며 도파민을 자극해 보세요. 자신만의 의미 있는 목표는 강력한 동기부여 요인이 되어 활력을 불어넣어 줄 것입니다. 창의성을 발휘할 때에도 도파민은 핵심적인 역할을 합니다. 열린 마음으로 새로운 생각을 받아들이고 실행에 옮기는 자세야말로 창의성의 원천이 됩니다. 이는 도전 정신과 함께 새로운 경험에 대한 보상을 기대하게 만들어 도파민 분비를 촉진합니다.

기억은 우리 삶의 소중한 자산입니다. 도파민과 감정의 연결고리를 이해하고 활용한다면 누구나 기억력을 향상시킬 수 있습니다. 감정적 경험을 풍부하게 하고, 연상 기억법으로 정보에 생명력을 불어넣으며, 감성 지능을 연마하는 과정은 도파민을 활성화하여 기억 형성과 보존을 도울 것입니다. 아울러 건강한 생활 습관을 통해 뇌의 인지 기능을 최적화하는 것 또한 잊지 말아야 할 부분입니다.

학습 능력 강화를 위한
도파민 활용
Check-List

도파민은 학습 동기와 보상 체계 형성에 핵심적인 역할을 하는 신경전달물질입니다. 뇌의 기억력과 집중력 향상에도 도파민이 중요하게 작용하므로, 학습 시 도파민 분비를 적극적으로 활용한다면 학습 효율을 크게 높일 수 있을 것입니다. 최적의 학습 환경을 조성하고 효과적인 학습 전략을 실행하여 도파민의 긍정적 효과를 극대화하는 방안을 함께 살펴보겠습니다.

첫째, 도파민 분비를 촉진하는 이상적인 학습 공간을 마련하는 것이 중요합니다. 조용하고 채광이 잘 드는 장소를 선택하고, 인체공학적 책상과 의자를 갖추어 신체적 불편함을 최소화하는 것이 좋습니다. 공기 정화 식물을 배치하거나 아로마 디퓨저를 활용하면 심리적 안정감과 쾌적함을 높일 수 있습니다. 또한 학습 자료와 도구를 잘 정리하고, 시각적 자극물을 적절히 활용하여 집중력을 유지하는 것도 도움이 됩니다.

둘째, 효과적인 학습 기술을 적용하여 도파민 활성화에 주력해야 합니다. 간격 반복 학습법, 게이미피케이션, 상호작용 학습, 개인 맞춤형 학습, 협력 학습 등 다채로운 능동학습 방식을 도입하면 흥미를 유발하고 성취감을 높일 수 있습니다. 학습 내용을 실생활과 연계하거나 퀴즈 형식으로 복습하는 것도 기억력 향상에 도움이 됩니다. 정기적으로 자신의 진척도를 평가하고 건설적인 피드백을 받는 과정에서 도파민 분비가 촉진되어 학습 동기가 강화될 것입니다.

셋째, 호기심을 자극하고 새로운 학습 경험을 추구하여 도파민 활성화를 도모해야 합니다. 다채로운 교수법과 학습 자료를 활용하고, 첨단 IT 기술을 접목시켜 몰입감을 높이는 것이 중요합니다. VR, AR 등 실감형 콘텐츠를 통해 학습 내용을 생생하게 체험하거나, 토론과 발표를 통해 적극적으로 참여하는 과정에서 창의력과 사고력도 신장시킬 수 있습니다. 개별 탐구 활동과 실험을 통해 스스로 깨우치는 기쁨을 맛보는 것도 도파민 분비에 긍정적 영향을 미칠 것입니다.

넷째, 게이미피케이션 전략을 접목하여 즐거움과 성취감을 동시에 추구해야 합니다. 명확한 학습 목표를 세우고 단계적 도전 과제를 부여하되, 점수와 보상 시스템을 활용하여 재미 요소를 가미하는 것이 포인트입니다. 리더보드를 만들어 선의의 경쟁을 유도하거나, 진척도 표시줄로 달성감을 체감하게 만드는 것도 효과적입니다. 개인별 학습 캐릭터를 설정하고 흥미로운 스토리텔링 요소를 접목한다면 학습에 대한 애착과 몰입도가 높아질 것입니다.

학습 기술	특징	장점	대표 식품
간격 반복 학습법	학습 내용을 정해진 간격으로 반복하여 장기 기억 형성 촉진	효율적인 정보 기억, 시간 경과에 따른 학습 효과 지속	시간 관리와 자기 조절 능력이 요구됨
게이미피케이션	게임 요소를 도입하여 학습 과정을 재미있고 동기 부여적으로 만듦	흥미 유발로 학습 시간 동안 집중력 향상	과도한 게임 요소는 본질적인 학습 목표에서 벗어날 수 있음
상호작용 학습	학습자 간 또는 학습자와 교사 간의 상호 작용을 통해 정보 습득	교류를 통한 적극적인 학습 참여 및 이해도 증가	적극적 참여가 부족할 경우 학습 효과 저하
개인 맞춤형 학습	학습자의 선호, 능력, 배경에 맞춰 교육 내용과 방법을 조정	학습 효과 극대화 및 학습 흥미 유지	학습자 개별 요구에 맞추기 위한 높은 자원 필요
협력 학습	학습자들이 협력하여 과제 수행, 서로 학습을 돕고 정보를 공유	팀워크 및 의사소통 능력 향상, 다양한 관점에서 지식 습득	팀 내 역동성에 따라 결과가 달라질 수 있음

[효과적인 학습 기술별 특징 및 장단점 비교]

마지막으로 긍정적 피드백과 적절한 보상을 통해 지속적인 도파민 활성화를 유도해야 합니다. 학습 활동 직후 맞춤형 코멘트를 제공하고, 사소한 성과도 인정해주며, 개개인의 장단점을 고려한 개별 코칭을 실시하는 것이 바람직합니다. 정기적인 자기 성찰과 목표 설정의 기회를 제공하고, 자유로운 의사소통이 가능한 수평적이고 개방적인 학습 분위기를 조성하는 것도 필수적입니다.

결론적으로 도파민의 특성을 십분 활용하여 학습 환경을 최적화하고 효과적인 학습 전략을 수립한다면, 누구나 학습 잠재력을 극대화할 수 있을 것입니다. 개인의 선호도와 학습 스타일에 부합하는 맞춤형 학습 방식을 모색하되, 호기심 자극과 보상 체계 강화에 역점을 둔다면 도파민은 강력한 학습 동력으로 작용할 것입니다. 배움에 대한 열정만 있다면 도파민은 우리 모두를 최고의 학습자로 성장시켜 줄 무한한 잠재력의 원천이 될 것입니다.

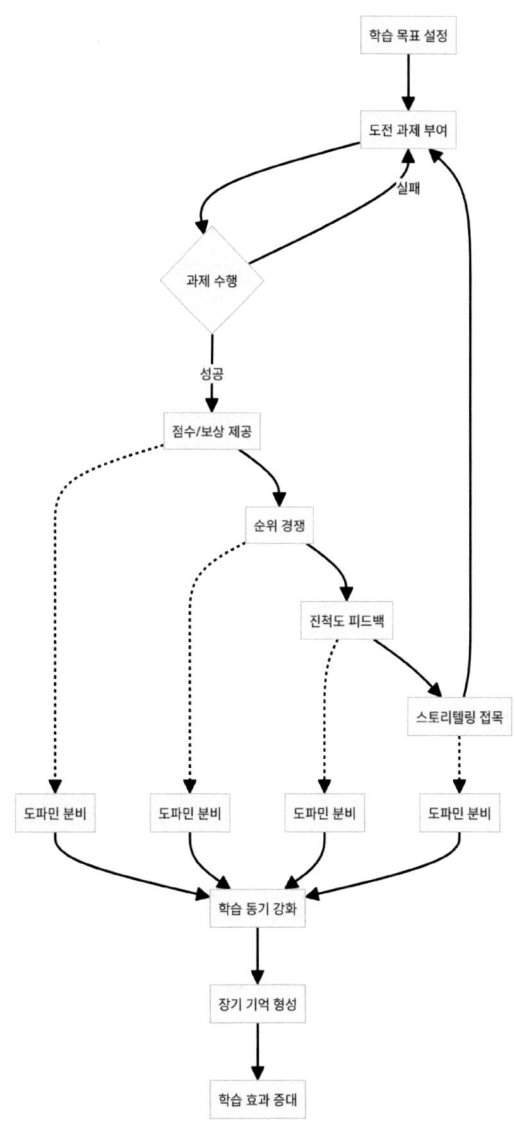

[간격학습에 따른 도파민 활성화]

4장

창의력의 샘, 도파민을 깨워라

창의력의 샘, 도파민을 깨워라

도전을 즐기고 몰입하는 순간, 우리 뇌에서는 특별한 변화가 일어납니다. 바로 도파민이 폭포수처럼 쏟아지는 것입니다. 인간은 새로운 경험과 미지의 영역을 탐험하고자 하는 호기심의 존재입니다. 그리고 이러한 호기심과 열정을 불러일으키는 데에는 도파민이 결정적인 역할을 하죠. 호기심을 자극하는 새로운 경험은 우리의 뇌를 자극하고 활성화합니다. 기존의 사고 틀에서 벗어나 색다른 관점으로 세상을 바라볼 때, 뇌는 새로운 시냅스 연결을 형성하고 창의력을 발현하기 시작합니다. 이때 바로 도파민이 분비되면서 동기부여와 즐거움을 선사하는 것입니다. 도파민은 우리를 새로운 도전으로 이끄는 원동력인 셈입니다.

특히 유희적이고 즐거운 마음으로 탐구할 때 창의성은 절정에 이

릅니다. 어린아이들의 놀이 속에서 창의력이 폭발하듯이, 우리 모두 내면의 호기심과 장난기를 자극할 필요가 있습니다. 고정관념의 틀에서 벗어나 사물과 현상을 새로운 시각으로 관찰하고 질문을 던져보죠. 그 속에서 우리는 창의적 아이디어와 혁신의 실마리를 발견할 수 있을 것입니다.

자연은 우리에게 이러한 영감을 주는 원천이기도 합니다. 초록빛 나무들 사이로 햇살이 쏟아지는 숲길을 거닐 때면 절로 상쾌해지고 마음이 평화로워집니다. 자연의 경이로움 속에서 우리의 감각은 깨어나고 뇌는 활성화됩니다. 동시에 도파민이 분비되면서 우리는 활력과 창의력을 얻게 됩니다. 자연이 주는 이러한 혜택을 적극 누리는 것이 창의성 계발의 지름길이 될 것입니다. 나아가 우리가 머무는 공간의 분위기 또한 창의성에 영향을 미칩니다. 활기차고 생동감 넘치는 공간에서는 아이디어가 샘솟듯 떠오르기 마련입니다. 밝고 경쾌한 색상, 자연광, 식물, 향기 등을 적절히 배치하여 활력을 불어넣어 보죠. 예술 작품을 감상하며 영감을 얻는 것도 좋은 방법입니다. 이처럼 세심하게 설계된 공간은 우리의 감성을 자극하고 창의력의 원천이 되어줄 것입니다.

물론 창의성을 위해서는 구체적인 실천 방안이 필요합니다. 사소

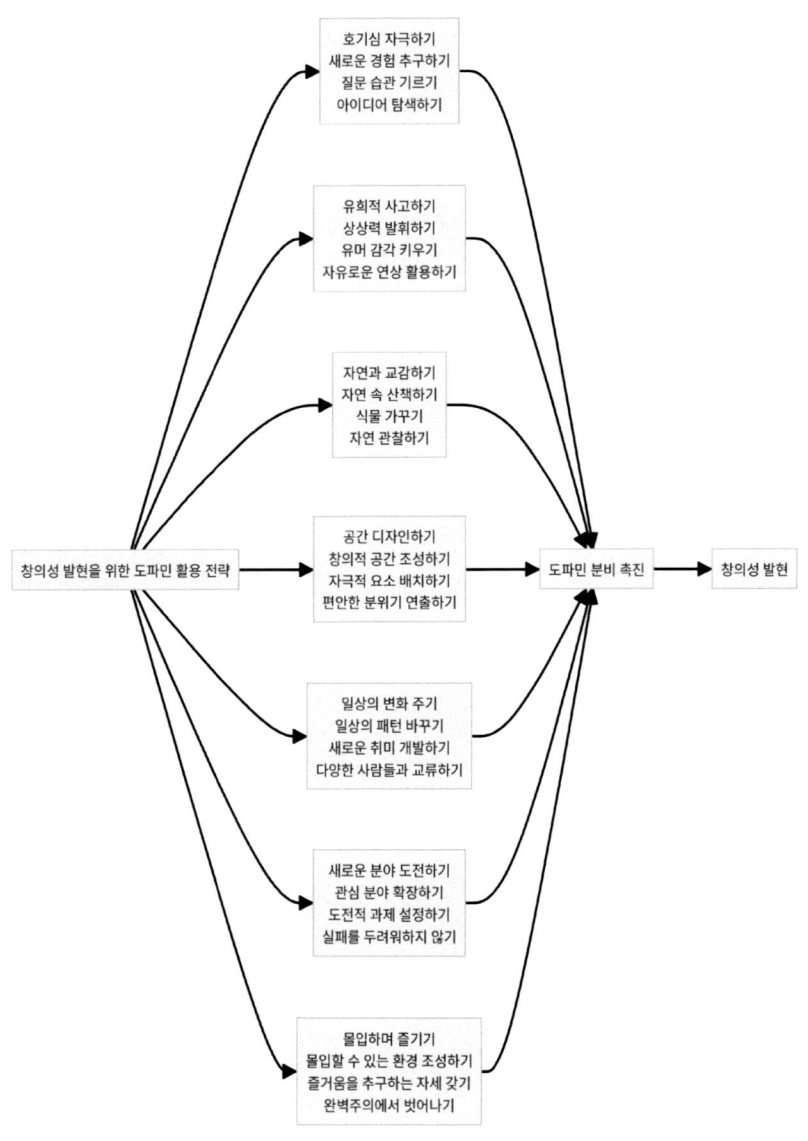

[창의성 발현을 위한 도파민 활용 전략]

한 일상의 변화로부터 시작해보죠. 늘 듣던 음악 대신 새로운 장르에 도전하고, 익숙한 길 대신 낯선 길을 택해보는 것입니다. 책을 통해 미지의 지식을 탐구하고 예술적 감흥을 얻는 것도 효과적입니다. 더불어 동료들과 브레인스토밍을 하며 아이디어를 자유롭게 교환해보죠. 서로의 생각을 유쾌하게 나누는 과정 그 자체가 창의력의 원천이 될 수 있습니다.

때로는 익숙한 영역을 과감히 벗어나 새로운 분야에 뛰어들어 볼 필요도 있습니다. 실패를 두려워하지 않고 대담하게 도전할 때 우리는 성장의 기회를 맞이하게 됩니다. 물론 그 과정이 순탄치만은 않겠지만, 역경을 헤쳐나가는 과정 속에서 창의력은 더욱 꽃을 피울 수 있을 것입니다.

무엇보다 이 모든 과정을 즐기는 자세가 중요합니다. 매 순간에 호기심과 열정을 가지고 최선을 다해 몰입하죠. 행복한 마음으로 탐구하고 새로운 시도를 즐길 때, 우리 안에서 창의성은 샘솟듯 흘러넘칠 것입니다. 도전을 즐기는 순간, 우리는 도파민의 선물을 받으며 더 나은 자신을 만나게 될 것입니다.

확산적 사고와 도파민의 만남

도파민은 우리 뇌의 동기부여, 보상, 그리고 인지 기능에 중요한 역할을 하는 신경전달물질로, 특히 주의력, 작업 기억과 같은 인지 과정은 물론 창의성과 발산적 사고에도 관여하고 있습니다. 이번 장에서는 도파민의 효과를 활용해 창의성을 촉진하고 몰입 상태를 유지하기 위한 몇 가지 전략을 소개해 드리고자 합니다.

창의성 향상의 첫 번째 전략은 명확한 목표 설정입니다. 구체적이고 도전적이면서도 달성 가능한 목표를 갖는 것만으로도 도파민 수치를 높이고 과제에 집중하는 데 도움이 됩니다. 큰 목표는 작은 단계로 세분화하여 과정을 더욱 수월하게 만들어 보시기 바랍니다. 목표 달성의 과정에서 경험하는 작은 성취감들이 도파민 분비를 촉진하고 지속적인 동기부여로 이어질 것입니다.

창작 과정 자체를 더욱 즐겁고 보람되게 만드는 것도 중요한 전략 중 하나입니다. 창의적 프로젝트를 완수했을 때 스스로에게 주는 보상 체계를 갖추어 도파민 분비를 자극해 보세요. 좋아하는 간식을 먹거나 즐거운 활동을 하는 식의 보상은 창의성을 발휘하고자 하는 동기를 한층 강화할 수 있습니다.

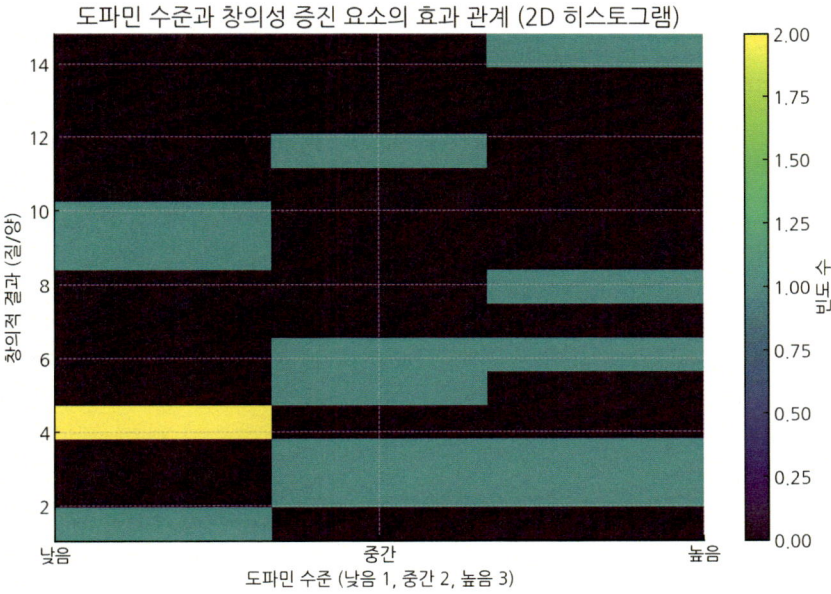

[창의성 발현을 위한 도파민 활용 전략]

명상이나 마음챙김 훈련 역시 도파민 수치를 높이고 인지 기능 향상에 도움이 된다고 합니다. 매일 잠시라도 이런 연습을 하는 것이 창의적 막힘에 부딪혔을 때에도 집중력과 창의성을 유지하는 데 효과적일 것입니다. 명상은 스트레스 해소에도 도움이 되어 창의적 사고에 긍정적인 영향을 미칩니다.

시간 관리 측면에서는 포모도로 기법처럼 25분간 집중해서 일하고 5분간 휴식을 취하는 전략이 유용합니다. 규칙적인 휴식을 통해 주의력과 생산성을 꾸준히 유지할 수 있고, 재충전의 기회를 가짐으로써 도파민 수치 또한 높은 상태로 유지할 수 있습니다. 이러한 주기적 휴식은 창의적 아이디어를 떠올리는 데에도 도움이 될 것입니다.

충분한 수면 역시 창의성과 확산적 사고를 포함한 뇌 기능 전반에 필수적입니다. 숙면을 취하면 전두엽의 기능이 회복되고 도파민 시스템이 재조정되어 다음 날 창의적 과제에 효과적으로 임할 수 있습니다. 매일 밤 일정한 수면 스케줄을 지키며 적정량의 수면을 취하도록 노력해야 할 것입니다.

운동 또한 창의성 증진에 중요한 역할을 합니다. 중강도 운동을 매일 30분 이상 꾸준히 하는 것이 도파민을 비롯한 신경전달물질의 분비를 촉진하고 인지 기능 개선에 크게 기여합니다. 운동으로 인한 두뇌 혈류량 증가와 신경 세포 생성 촉진 효과는 창의적 문제 해결력을 높이는 데 도움이 될 것입니다.

식단 관리를 통해서도 도파민 분비를 촉진할 수 있습니다. 바나나, 아보카도, 다크 초콜릿 같은 음식에는 도파민 생성을 도와주는 영양소가 풍부하게 들어있습니다. 또한 오메가-3 지방산이 풍부한 등푸른 생선, 항산화 물질이 풍부한 과일과 채소 등을 균형 있게 섭취하는 것이 두뇌 건강에 유익합니다. 건강하고 균형 잡힌 식단이 최적의 뇌 기능과 창의성을 뒷받침해줄 것입니다.

가끔은 익숙한 환경을 벗어나 새로운 자극을 받아보는 것도 창의성 고취에 도움이 됩니다. 낯선 장소를 탐험하거나 색다른 사람들과 교류하면서 얻는 신선한 경험과 영감은 창의적 아이디어의 촉매제가 될 수 있습니다. 일상의 굴레에서 잠시 벗어나 머리를 식히는 것은 창의적 막힘을 극복하는 효과적인 방법이 될 것입니다.

확산적 사고 기법의 연습도 창의성 향상에 도움이 됩니다. 브레인스토밍, 마인드맵 그리기, 자유 연상 글쓰기 등의 발산적 사고 훈련은 고정관념의 틀을 깨고 사고의 유연성을 기르는 데 효과적입니다. 이런 활동에 몰입하면 자연스레 도파민 수치가 높아지고 창의적 역량이 강화될 것입니다.

창의 활동은 협력을 통해 더욱 풍성해질 수 있습니다. 동료, 친구, 멘토와 함께 작업하면서 집단지성의 힘을 빌리고 다양한 관점을 접할 수 있습니다. 타인과의 소통과 교류 속에서 높아지는 도파민 수치는 새로운 영감을 제공하고 팀의 창의성을 이끌어낼 것입니다. 무엇보다 창의성이 발현되기 위해서는 실패를 두려워하지 않는 열린 마음가짐이 중요합니다. 실수를 통해 배우고 계속해서 나아가려는 도전 정신을 가진 사람들이 창의성의 문을 열 수 있습니다. 실패 후에도 포기하지 않고 다시 일어설 수 있는 끈기와 회복탄력성은 창의 인재의 필수 자질이라 할 수 있겠습니다.

창의적 활동으로
도파민
자극하기

I. 창의적 쓰기와 도파민의 상관관계

창의적 쓰기는 자기표현의 수단이자 상상력과 언어 능력을 발휘할 수 있는 기회를 제공합니다. 시, 소설, 에세이 등 다양한 형태로 이루어지는 창의적 쓰기는 정서적 안정감과 만족감을 높여주는 역할을 하는데, 이는 뇌에서 도파민이 활발히 분비되기 때문입니다.

한 연구에 따르면, 창의적 쓰기 활동에 참여한 사람들은 그렇지 않은 사람들에 비해 뇌의 도파민 활성도가 유의미하게 증가한 것으로 나타났습니다. 이러한 결과는 창의적 쓰기가 도파민 분비를 자극하여 정신건강 증진에 기여할 수 있음을 시사합니다. 일상에서 창의적 글쓰기를 실천하는 것은 도파민 활성화를 통해 삶의 질을 높이는 효과적인 방법이 될 수 있겠습니다.

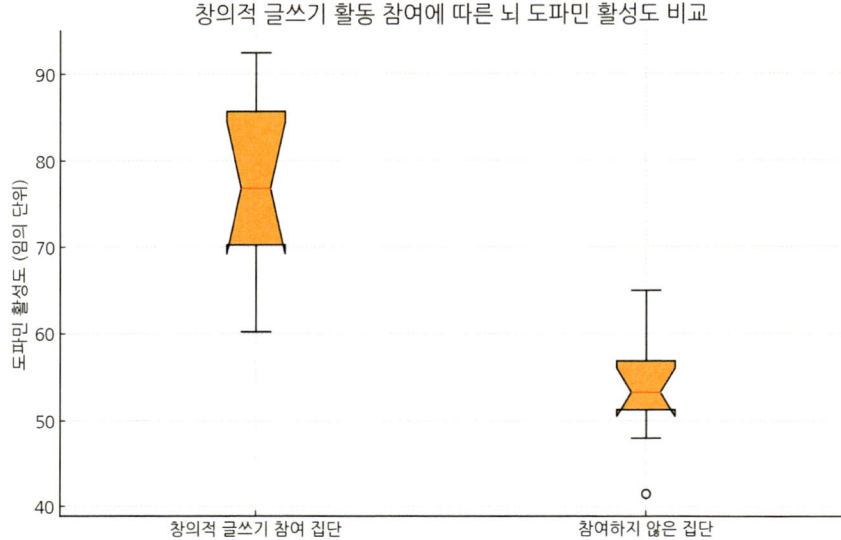

[뇌 도파민 활성도 비교 차트]

II. 음악과 악기 연주가 도파민 분비에 미치는 영향

음악은 인류 역사와 함께 해왔으며, 현대에는 음악이 뇌에 미치는 영향에 대한 연구가 활발히 진행되고 있습니다. 그 중 하나가 바로 음악과 도파민의 연관성입니다. 음악을 듣거나 악기를 연주하는 행위는 뇌의 도파민 분비를 촉진한다고 알려져 있습니다.

예를 들어, 피아노 연주 중 연주자의 선조체에서 도파민 수치가 크게 상승하는 것이 관찰되었습니다. 또한 자신이 좋아하는 음악을 감상할 때에도 뇌에서 더 많은 도파민이 분비되는 것으로 확인되었습니다. 이는 음악 활동이 정서적 안정과 만족감 향상에 기여할 수 있음을 보여주는 연구 결과라 하겠습니다.

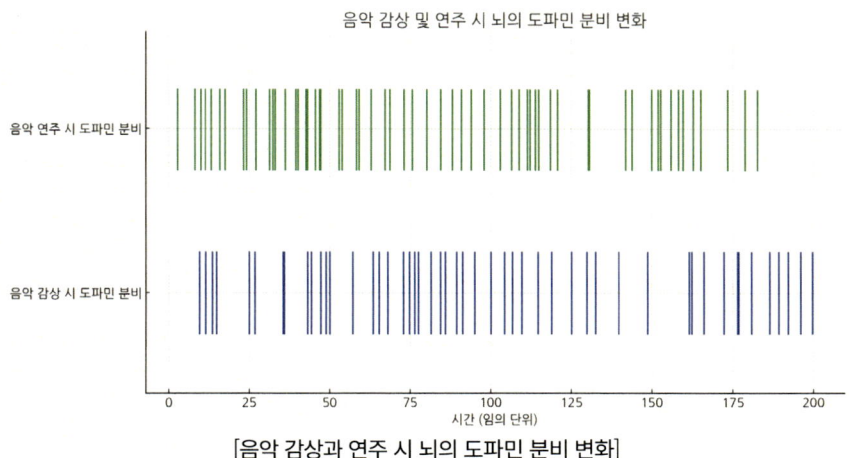

[음악 감상과 연주 시 뇌의 도파민 분비 변화]

음악과 악기 연주는 개인의 정신건강 증진을 위해 적극 활용될 수 있는 창의적 활동입니다. regular한 음악 감상과 연주를 통해 일상에서 도파민 분비를 촉진하고 삶의 질을 높이는 노력이 필요할 것입니다.

III. 그림 그리기와 조각 등 시각예술 활동이 도파민에 미치는 영향

미술 치료는 정서 표현과 스트레스 해소에 도움을 줄 수 있는 효과적인 방법으로 활용되고 있습니다. 그 중에서도 그림 그리기나 조각 등의 시각예술 활동은 뇌의 도파민 분비를 촉진하여 정서적 안정과 만족감 향상에 기여하는 것으로 알려져 있습니다.

특히 시각예술 활동에 완전히 몰입하여 즐거움을 느끼는 '몰입 상

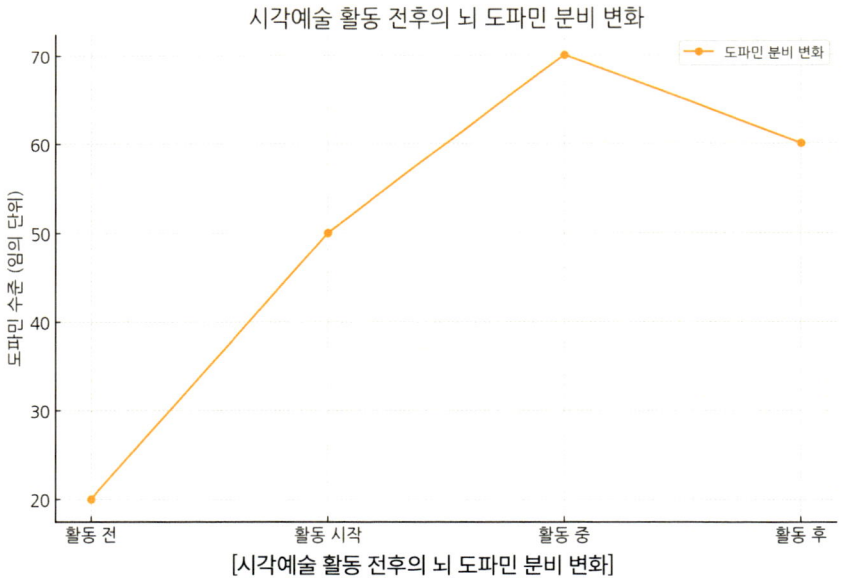

[시각예술 활동 전후의 뇌 도파민 분비 변화]

태'에 이를 때 뇌의 도파민이 활발히 분비되어 기분이 좋아지고 동기 부여가 된다고 합니다. 또한 새로운 기법 습득이나 복잡한 작품 완성과 같은 도전적 과제 수행 시에도 도파민 분비가 촉진되어 성취감과 만족감을 느끼게 됩니다.

따라서 그림 그리기와 조각 등의 시각예술 활동은 뇌의 보상 체계를 자극하여 정서적 안정과 만족감 향상에 도움을 주는 창의적 활동이라 할 수 있겠습니다. 개인의 선호에 따라 다양한 시각예술 활동을 일상에 도입하여 도파민 분비를 촉진하는 노력이 필요할 것입니다.

IV."댄스와 동작 치료가 도파민 분비에 미치는 영향

신체 움직임을 통해 정서를 표현하고 신체적, 정신적 건강을 증진시키는 댄스와 동작 치료는 뇌의 도파민 분비를 촉진하여 정서적 안정과 만족감을 높이는 데 기여합니다. 특히 파킨슨병, 우울증, 중독 등 도파민 결핍과 관련된 질환을 가진 이들에게 유용할 수 있습니다.

댄스와 동작 활동은 몸의 움직임을 통해 스트레스 호르몬인 코르티솔 수치를 낮추고, 엔도르핀 분비를 촉진하는 효과가 있습니다. 이를 통해 개인은 자신의 감정을 안전하고 지지적인 환경에서 표현하고 해소할 수 있게 되어 정서 조절 능력이 향상될 수 있습니다. 뿐만 아니라 댄스와 동작 치료는 창의적 자기 표현과 탐색을 촉진합니다. 자유로운 움직임과 춤을 통해 자신을 표현하는 과정에서 개인은 내면의 생각과 감정, 경험을 더욱 깊이 이해할 수 있게 됩니다. 이는 언어적 소통이 어렵거나 감정 표현에 어려움을 겪는 이들에게 특히 도움이 될 수 있습니다. 이처럼 도파민 분비 촉진, 스트레스 감소, 창의적 표현 촉진 등의 효과를 지닌 댄스와 동작 치료는 개인의 전반적인 행복감을 높이고 삶의 질을 향상시키는 데 기여할 수 있는 창의적 활동이라 하겠습니다.

V. 요리와 베이킹 등 식품 관련 활동이 도파민 분비에 미치는 영향

요리와 베이킹은 창의력을 발휘하고 성취감을 경험할 수 있는 즐거운 활동입니다. 맛있는 음식을 만들어내는 과정에서 느끼는 부듯함과 자부심은 개인의 정서에 긍정적인 영향을 미칩니다. 완성된 요리를 타인과 나누는 과정에서 사회적 유대감 또한 형성될 수 있습니다.

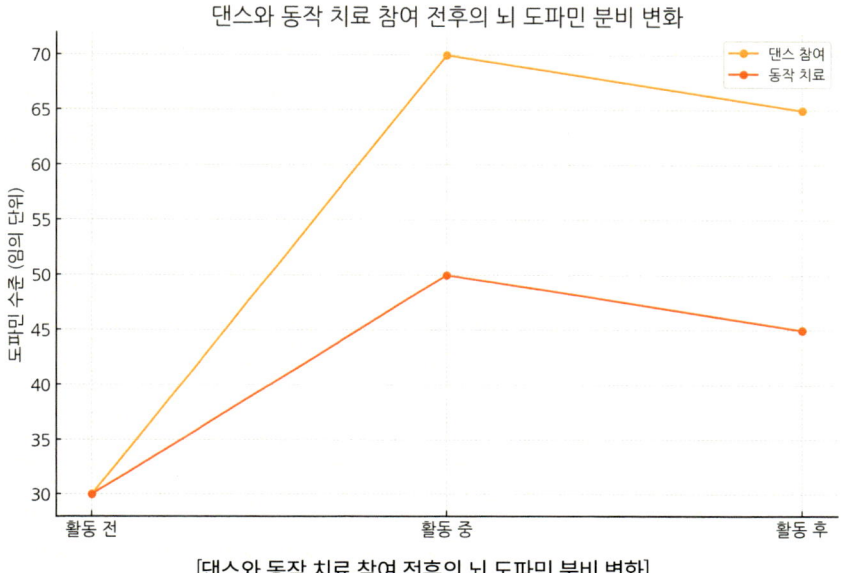

[댄스와 동작 치료 참여 전후의 뇌 도파민 분비 변화]

연구 결과에 따르면, 요리와 베이킹 등의 식품 관련 활동은 뇌의 도파민 분비를 촉진하여 행복감과 만족감을 높이는 데 기여하는 것으로 나타났습니다. 집에서 직접 요리를 하는 것이 외식보다 도파민 수치를 높였으며, 베이킹 활동이 뇌의 보상 체계를 활성화시켜 도파민 분비를 촉진한다는 사실이 밝혀졌습니다.

요리와 베이킹은 계획, 문제해결, 실험 등 창의력이 요구되는 활동이기도 합니다. 창의력과 밀접한 관련이 있는 도파민은 그림 그리기나 글쓰기 등의 창의적 활동 시 더욱 활발히 분비되는 것으로 알려져 있습니다.

따라서 요리와 베이킹은 도파민 분비를 촉진하고 성취감, 창의력, 즐거움을 선사함으로써 개인의 행복감과 만족감 향상에 기여할 수 있는 창의적 활동이라 할 수 있겠습니다. 정기적으로 요리와 베이킹 활동을 일상에 도입하는 것은 정신건강 증진에 도움이 되는 간단하면서도 효과적인 방법이 될 것입니다.

창의적인 활동은 단순한 여가 이상의 가치를 지닙니다. 창의적 쓰기, 음악과 악기 연주, 시각예술 활동, 댄스와 동작 치료, 요리와 베이킹 등 다양한 창의 활동은 뇌의 도파민 분비를 촉진하여 정서적 안정과 만족감을 선사합니다. 바쁜 일상 속에서도 자신만의 창의적 활동을 찾아 정기적으로 실천한다면 누구나 도파민의 힘을 빌려 삶의 질을 높이고 보다 행복한 나날을 보낼 수 있을 것입니다.

브레인스토밍과
마인드맵
도파민의 힘

창의성은 새로운 아이디어와 해결책을 발견하는 원동력입니다. 도파민은 이러한 창의적 사고를 촉진하는 중요한 역할을 합니다. 브레인스토밍과 마인드맵은 도파민의 힘을 활용하여 창의력을 극대화할 수 있는 효과적인 기법입니다.

창의적 잠재력을 발휘하기 위해서는 도파민 분비를 촉진하는 환경 조성이 필요합니다. 편안하고 시각적으로 매력적이며 방해 요소가 없는 공간을 만드는 것이 중요합니다. 영감을 주는 예술 작품, 자연광, 그리고 기분 좋은 향기와 같은 감각을 자극하는 요소를 활용하는 것이 도움이 됩니다. 식물을 배치하는 것도 생산성을 높이고 스트레스를 줄이는 데 효과적입니다. 이완과 집중을 촉진하는 환경을 조성함으로써 도파민 분비를 향상시키고 창의적 사고를 촉진할 수 있습니다.

   신체 활동은 강력한 도파민 증진제로, 브레인스토밍 세션을 향상시킬 수 있습니다. 브레인스토밍 전이나 도중에 스트레칭, 걷기, 또는 제자리 뛰기와 같은 가벼운 운동을 하는 짧은 휴식 시간을 가지는 것이 좋습니다. 신체 움직임은 뇌로 가는 혈류량을 증가시켜 인지 기능을 개선하고 도파민 분비를 자극합니다. 또한 운동은 스트레스를 줄이고 기분을 좋게 하여 창의적 사고에 도움이 되는 긍정적인 마음가짐을 만듭니다. 브레인스토밍 루틴에 신체 활동을 포함시킴으로써 도파민의 힘을 활용하여 혁신적인 아이디어와 해결책을 생성할 수 있습니다.

   새로움과 호기심은 뇌에서 도파민 분비를 유발하는 강력한 자극입니다. 새롭고 흥미로운 것을 접할 때, 뇌의 보상 시스템이 활성화되어 도파민이 급증합니다. 브레인스토밍 중에 이러한 효과를 활용하려면 참신한 아이디어, 관점, 경험을 적극적으로 모색해야 합니다. 참가자들이 틀에 박힌 사고를 벗어나 비정통적인 접근 방식을 탐구하도록 격려하세요. 호기심을 자극하고 깊이 있는 탐구를 장려하는 사고 촉발적인 질문이나 도전 과제를 제시하세요. 새로움을 수용하고 호기심을 기르는 자세로 도파민 분비를 자극하고 창의적 사고의 새로운 길을 열 수 있습니다.

협업과 사회적 상호 작용은 성공적인 브레인스토밍 세션의 핵심 요소입니다. 그룹 브레인스토밍에 참여할 때, 여러 개인의 집단 지성과 창의성을 활용하여 보다 다양한 아이디어와 해결책을 도출할 수 있습니다. 더불어 사회적 상호 작용 자체가 뇌의 도파민 수준을 높일 수 있습니다. 아이디어를 공유하고, 긍정적인 피드백을 받으며, 공동의 목표를 향해 노력하는 행위는 연결감과 보상감을 만들어내어 도파민 분비를 촉발합니다. 협업의 이점을 극대화하려면 개방적인 소통, 적극적인 경청, 건설적인 피드백을 장려하는 포용적이고 지지적인 환경을 조성해야 합니다.

마일스톤과 성과를 축하하는 것은 브레인스토밍 세션 동안 도파민을 증진시키고 동기를 유지하는 강력한 방법입니다. 목표를 달성하거나 중요한 진전을 이룰 때마다 잠시 멈추어 성공을 인정하고 축하하는 시간을 가지세요. 박수를 치거나, 격려의 말을 건네거나, 실질적인 보상을 제공하는 등 간단한 방법으로도 충분합니다. 작은 성취라도 인정하는 것은 뇌의 보상 시스템을 자극하여 도파민을 방출하고, 긍정적인 행동을 강화하며, 추가적인 진전을 위한 동기를 부여합니다. 축하와 인정을 브레인스토밍 과정에 도입함으로써 참여도와 창의적 산출물을 이끄는 선순환을 만들 수 있습니다.

마인드맵은 브레인스토밍 세션을 개선하고 도파민을 증진시키는 데 유용한 도구가 될 수 있습니다. 마인드맵은 중심 주제에서 시작하여 관련 하위 주제로 분기되는 상호 연결된 아이디어의 다이어그램을 만드는 시각적 기법입니다. 정보를 비선형적이고 시각적으로 매력적인 방식으로 구성함으로써 창의성 및 문제 해결과 관련된 뇌의 여러 영역을 활성화합니다. 마인드맵을 만드는 행위 자체가 본질적으로 보람 있는 경험이 될 수 있습니다. 이전에는 분명하지 않았던 아이디어 간의 연결과 관계를 발견할 수 있기 때문입니다. 마인드맵을 구축하고 새로운 통찰력을 생성하면서 진전과 성취감을 경험하게 되고, 이는 도파민 분비를 촉발하여 창의적 과정을 강화합니다.

브레인스토밍을 위한 마인드맵의 이점을 극대화하려면 다음 팁을 고려해 보세요:

1. 색상과 이미지 사용: 마인드맵을 시각적으로 더욱 매력적이고 기억에 남게 만들기 위해 색상과 이미지를 활용하세요. 서로 다른 색상을 사용하여 아이디어를 분류하거나 우선순위를 정할 수 있으며, 이미지는 복잡한 개념을 설명하거나 특정 감정을 불러일으키는 데 도

움이 됩니다.

2. 자유 연상 장려: 마음이 자유롭게 방황하며 겉보기에 무관해 보이는 아이디어 간의 연결고리를 만들어 내도록 하세요. 마인드맵의 장점은 비선형적 사고를 가능하게 하여 여러 방향으로 탐색하고 예상치 못한 통찰을 발견할 수 있다는 것입니다.

3. 타인과 협업: 마인드맵은 그룹 브레인스토밍에 매우 효과적인 도구가 될 수 있습니다. 참가자들이 자신의 아이디어를 제시하고 서로의 생각을 발전시키도록 격려하세요. 마인드맵 작성에 협력함으로써 공동 소유권과 참여도를 높이고, 보다 창의적이고 종합적인 해결책을 이끌어낼 수 있습니다.

4. 반복과 정제: 마인드맵 작성은 반복적인 과정입니다. 아이디어를 생성하고 연결고리를 만들어가면서 마인드맵을 지속적으로 정제하고 재구성하세요. 정기적으로 진행 상황을 검토하고 추가 탐구 또는 발전이 필요한 영역을 파악하세요.

5. 통찰과 돌파구 축하: 마인드맵을 작성하면서 떠오르는 중요한 통찰이나 돌파구를 주목하세요. 이러한 "아하!" 순간을 축하하는 것

은 도파민과 동기부여를 증진시켜 더 깊이 있는 탐구와 창의적 사고를 장려할 수 있습니다.

결론적으로 도파민의 힘을 활용하고 효과적인 브레인스토밍과 마인드맵 기법을 적용함으로써 창의적 잠재력을 발휘하고 혁신적인 아이디어와 해결책을 창출할 수 있습니다. 자극적인 환경을 조성하고, 신체 활동에 참여하며, 새로움과 호기심을 수용하고, 협업을 장려하며, 성과를 축하함으로써 도파민 분비와 창의적 산출을 극대화할 수 있는 브레인스토밍 세션을 만들 수 있습니다. 성공적인 브레인스토밍의 핵심은 개방적인 자세, 탐구 의지, 협력과 축하의 정신으로 접근하는 것임을 명심하세요. 도파민의 힘을 활용하고 이러한 전략을 적용함으로써 브레인스토밍 세션을 혁신과 성공을 주도하는 생산적이고 보람 있는 경험으로 변모시킬 수 있습니다.

일상에서 실천하는 창의력 향상법

호기심으로 가득 찬 눈빛, 새로운 아이디어로 샘솟는 에너지, 도전으로 향하는 용기 있는 발걸음. 이것이 바로 창의적인 사람들의 모습입니다. 창의성은 삶의 다양한 영역에서 혁신을 이끌어내는 원동력이자, 개인의 성장과 발전을 추동하는 핵심 역량입니다. 그렇다면 우리는 어떻게 일상 속에서 창의력을 키워나갈 수 있을까요? 뇌 속 신경전달물질인 도파민의 힘을 빌리는 것이 하나의 효과적인 전략이 될 수 있습니다.

도파민은 동기부여, 보상, 학습, 그리고 창의적 사고와 밀접한 관련이 있는 것으로 알려져 있습니다. 따라서 도파민 분비를 촉진하는 활동과 환경을 조성함으로써 창의성을 고양할 수 있습니다. 이번 장에서는 일상생활 속에서 실천할 수 있는 다섯 가지 도파민 활용 전략을 소개하고자 합니다. 호기심을 자극하는 새로운 경험에 도전하기, 창의력을 자극하는 유희적 활동 즐기기, 실패를 두려워하지 않는 성장 마인드셋 기르기, 아이디어가 샘솟는 영감의 공간 만들기, 창의적 습관 형성하기가 바로 그것입니다.

먼저, 호기심 어린 마음으로 세상을 탐구하는 자세를 갖추는 것이 중요합니다. 익숙한 것에서 벗어나 새롭고 낯선 것을 경험하세요. 한 번도 가보지 않은 장소로 여행을 떠나고, 평소에 관심 있던 새로운 취미나 기술에 몰두해 보세요. 이는 뇌를 자극하여 도파민 분비를 촉진하고 사고의 유연성을 기를 수 있는 좋은 방법입니다.

다음으로, 창의력을 자극하는 유희적인 활동을 일상에 적극적으로 도입해 보시기 바랍니다. 블록 쌓기, 퍼즐 맞추기, 그림 그리기, 음악 연주하기 등 무언가를 만들어내는 과정 자체에서 즐거움과 성취감을 느끼세요. 또한 유머와 재치로 가득한 영화나 책을 접하는 것도 좋습니다. 놀이와 유머는 긍정적인 정서를 북돋워 창의적 사고를 활성화하는 데 도움이 됩니다.

창의성을 발현하기 위해서는 실수와 실패를 겪어내는 용기 또한 필요합니다. 도전을 피하기보다는 성장의 기회로 여기는 마음가짐을 가지세요. 완벽한 결과물에 연연하기보다는, 새로운 시도 자체에 가치를 두고 과정을 즐기는 것이 중요합니다. 때로는 실패를 통해 값진 깨달음을 얻고 한 단계 성장할 수 있음을 명심하세요.

영감이 떠오르는 창의적인 환경을 조성하는 것도 도움이 됩니다. 밝고 깨끗한 공간에 식물을 들이고, 자연광이 충분히 들어오게 해 보세요. 편안한 의자와 책상에 아늑한 분위기의 조명을 더하면 집중력을 높일 수 있습니다. 영감을 주는 예술 작품이나 아이디어 노트를 곁에 두는 것도 창의력을 자극하는 촉매제가 될 수 있습니다.

무엇보다 창의성은 일회성 이벤트가 아니라 꾸준한 습관을 통해 길러집니다. 매일 아침 일기 쓰기, 20분 이상 집중하여 그림 그리기, 30분 이상 악기 연습하기 등 나만의 창작 루틴을 만들어 실천해 보세요. 습관으로 정착될 때쯤이면 어느새 도파민이 창의력의 원동력으로 작용하고 있는 자신을 발견하게 될 것입니다.

창의력 향상을 위한 도파민 활용 Check-List

도파민은 창의성의 원동력입니다. 호기심을 자극하고 새로운 경험에 도전하는 과정에서 도파민이 활성화되며, 이는 창의적 사고를 촉진합니다. 다양한 분야에 관심을 가지고 깊이 있게 탐구하는 태도는 창의성 증진에 필수적입니다. 평소에 다양한 주제에 대해 궁금증을 갖고 질문을 던지며 답을 찾아가는 습관을 들이는 것이 도움이 됩니다. 이러한 과정에서 도파민이 분비되어 창의적 아이디어를 떠올리는 데 기여하게 됩니다.

협력적 활동 또한 창의성을 고취시키는 데 중요한 역할을 합니다. 연구 결과에 따르면 협력적 문제 해결 과제를 수행할 때 도파민 수치가 높아지는 것으로 나타났습니다. 타인과 함께 문제를 해결해 나가는 과정에서 사회적 보상을 경험하게 되고, 이는 긍정적인 자극이 되어 창의성을 북돋웁니다. 효과적인 협력을 위해서는 서로의 강점을 인식하고 역할을 명확히 분담하는 것이 중요합니다. 열린 마음으로 소통하며 다양한 관점을 존중하는 자세 또한 요구됩니다

도파민 활용법	설명
호기심 자극하기	새로운 주제나 활동에 대한 탐구를 통해 자연스럽게 도파민 분비를 촉진
협력적 활동 참여하기	다른 사람들과의 협력을 통해 새로운 아이디어와 해결책을 모색하며 도파민 분비 증가
동기부여 전략 활용하기	목표 설정과 보상 시스템을 통해 성취감을 느끼고 도파민 분비를 자극
창의적 환경 조성하기	창의적인 요소들을 환경에 포함시켜 지속적으로 도파민 분비를 유도

　지속적으로 창의적인 활동에 몰입하기 위해서는 강력한 동기부여가 필요합니다. 구체적이고 달성 가능한 목표를 세우고, 큰 과제는 작은 단위로 쪼개어 해결해 나가는 전략이 효과적입니다. 꾸준한 루틴을 만들고 집중할 수 있는 환경을 조성하는 것도 창의적 흐름을 타는 데 도움이 됩니다. 예를 들어 25분 집중 후 5분 휴식을 반복하는 '뽀모도로 기법'을 활용하면 생산성을 높일 수 있습니다. 무엇보다 자신의 건강을 잘 돌보고 에너지 관리에 신경 쓰는 것이 창의성 발휘의

토대가 될 것입니다.

창의성을 자극하는 물리적 환경을 조성하는 것도 간과해서는 안 될 포인트입니다. 자연광이 잘 들어오고 쾌적한 공간에서 작업 효율이 높아지는 만큼, 주변을 정돈하고 불필요한 것은 치워 집중할 수 있는 환경을 만드는 것이 좋습니다. 식물을 들여 자연의 생명력을 느끼고 밝고 경쾌한 색감의 소품으로 공간을 꾸미는 것도 창의성 증진에 기여합니다. 이와 더불어 심리적 안정감을 주는 환경 조성에도 신경 써야 합니다. 구성원 개개인의 자율성을 존중하고 실패를 두려워하지 않도록 격려하는 분위기, 학습과 실험의 기회를 제공하며 협력을 장려하는 조직문화가 창의성 발현에 적합한 토양이 될 것입니다.

결국 창의성은 도전 정신과 열정, 그리고 끈기가 바탕이 될 때 꽃피울 수 있습니다. 도전을 즐기는 마음가짐, 실패를 겪어도 좌절하지 않는 강인한 정신력이 요구됩니다. 고정관념에서 탈피하여 사물을 다양한 관점에서 바라보고, 작은 영감의 씨앗도 소중히 여기는 열린 사고가 필요합니다. 무엇보다 창의성은 타고나는 것이 아니라 꾸준히 창의적 활동을 반복하면서 점진적으로 개발되어 가는 것임을 명심해야 합니다.

도파민 활용법	설명
1	호기심을 자극하는 활동에 도전하기
2	협력적 문제 해결 과제에 적극 참여하기
3	구체적이고 달성 가능한 목표 설정하기
4	25분 집중 후 5분 휴식 반복하는 뽀모도로 기법 활용하기
5	자연광이 들어오는 쾌적하고 정돈된 작업 공간 만들기
6	실패를 두려워하지 않고 도전을 즐기는 마음가짐 갖기
7	고정관념에서 벗어나 사물을 다양한 관점에서 바라보기
8	작은 영감도 소중히 여기며 아이디어 노트 작성하기
9	창의적 활동을 일상적인 습관으로 만들어 꾸준히 실천하기
10	스스로의 창의성을 신뢰하고 긍정적으로 격려하기

[창의성 증진을 위한 도파민 활용 체크리스트]

5장

도파민 중독의
늪에서
벗어나기

도파민 중독의 늪에서 벗어나기

도파민이라는 뇌 속 물질 하나가 우리 삶에 얼마나 큰 영향을 미칠 수 있을까요? 강렬한 쾌감을 선사하는 도파민 작용은 한순간에 사람을 중독 나락으로 떨어뜨립니다. 술, 마약, 도박, 음란물, 게임 등 그 형태가 어떻든 중독은 개인 인생을 송두리째 앗아가고, 가정과 공동체에도 치명적인 상처를 남깁니다. 중독 덫에 걸려든 이들은 자신도 모르는 사이에 깊은 수렁으로 빠져들어 좀처럼 헤어나오지 못하곤 하죠.

특히 장기간 중독 상태에 놓여 있던 사람들에게 변화란 두렵고 괴로운 과제로 다가옵니다. 익숙한 일상에서 벗어나 새로운 삶에 적응한다는 것, 그것은 결코 쉽지 않은 도전이기 때문입니다. 하지만 우리에겐 선택할 수 있는 자유와 변화를 이끌어낼 수 있는 힘이 있습니다. 중독 사슬을 끊어내고 진정 원하는 삶을 향해 전진할 수 있는 용기 말이죠.

중독에서 벗어나는 지름길은 바로 내면 목소리에 귀 기울이는 것에서부터 시작됩니다. 도파민이 선사하는 강렬한 자극에 현혹되기보다 자신의 진실된 욕구가 무엇인지 끊임없이 성찰해야 합니다. 눈앞 유혹을 뿌리치고 삶의 근본적인 목표를 향해 한걸음 한걸음 나아갈 때, 비로소 중독 그물에서 벗어날 수 있습니다.

회복으로 가는 길은 홀로 걸어갈 수 없습니다. 사랑하는 가족, 믿음직한 친구, 든든한 동료 지지와 격려가 반드시 필요합니다. 여러분 곁에는 어려운 순간에도 묵묵히 함께해줄 고마운 분들이 있다는 사실을 잊지 마세요. 또한 전문 상담사나 심리 치료사 도움을 받는 것도 큰 힘이 됩니다. 그들은 여러분 아픔을 공감하고 회복을 위한 구체적인 방안을 함께 모색해줄 것입니다.

무엇보다 스스로를 아끼고 사랑하는 태도가 중요합니다. 중독은 개인 잘못이 아니라 치유해야 할 병입니다. 자책하거나 비난하기보다는 자신을 있는 그대로 수용하고 감싸안아주세요. 비록 약하고 부족한 존재일지라도 우리 모두는 무한한 가능성을 품고 있습니다. 그 가능성을 믿고 앞으로 나아갈 때, 작은 성취와 발전은 차곡차곡 쌓여 내일 희망이 될 것입니다.

중독에서 벗어나는 길은 순탄치 않습니다. 좌절과 실패를 거듭하며 절망에 빠질 때도 있을 것입니다. 하지만 기억하세요. 지금 이 순간에도 당신은 이미 큰 변화를 이루어내고 있다는 사실을요. 오늘 노력이 모여 과거와 다른 자신, 보다 성장한 내일을 만들어가고 있습니다. 포기하고 싶은 마음이 들 때마다 그 용기 있는 발걸음을 힘껏 응원해주세요.

우리 인생은 역경과 고난 연속입니다. 중독이라는 시련 역시 그 과정 중 하나일 뿐입니다. 비록 고통스러운 경험이지만 이를 딛고 일어설 때 우리는 한 뼘 더 성장할 수 있습니다. 실수와 좌절에 머무르지 말고 새로운 가능성을 향해 전진하세요.

중독 행동과 도파민의 악연

중독의 굴레에 갇혀 고통받는 이들에게 희망의 손길을 내밀어 주는 것, 그것이 바로 우리가 해야 할 일이 아닐까요? 중독성 물질과 행동이 뇌의 도파민 보상 시스템을 하이재킹하는 과정을 깊이 이해하고, 이를 예방하고 치료할 수 있는 실질적인 방안을 모색해 보아야 할 때입니다.

중독의 발달에는 유전적 요인과 환경적 요인이 복합적으로 작용합니다. 도파민 수용체나 수송체의 유전자 변이는 중독 물질에 대한 반응성에 큰 영향을 미칩니다. 스트레스가 많은 환경이나 트라우마의 경험 또한 뇌의 보상 시스템을 변화시키지요. 이러한 유전적 취약성과 환경적 요인이 맞물려, 한 개인의 중독 위험성을 높이게 되는 것입니다.

장기간 지속된 중독은 결국 뇌의 도파민 시스템에 심각한 손상을 초래합니다. 과도한 도파민의 분비에 적응한 뇌는 더 이상 일상의 즐거움에 쉽게 반응하지 않게 됩니다. 자연스러운 보상에는 무감각해지고, 약물에만 의존하려 하지요. 그 결과는 무쾌감증, 우울, 불안 등으로 이어집니다. 삶의 진정한 의미와 기쁨을 느끼지 못한 채 살아가는 중독자들의 모습은 참으로 안타깝기 그지없습니다.

하지만 희망은 있습니다. 우리의 뇌에는 손상된 도파민 시스템을 회복시킬 수 있는 놀라운 능력, 신경 가소성이 존재하기 때문입니다. 약물 치료, 인지행동치료, 운동, 명상 등 다양한 중재법들은 모두 이 신경 가소성을 촉진하고 중독으로부터의 회복을 도울 수 있습니다. 물론 중독의 극복이 결코 쉽지만은 않을 것입니다. 오랜 인내와 노력이 필요하지요. 하지만 포기하지 않는 한, 반드시 희망은 존재합니다.

이제는 중독 문제에 대한 우리 사회의 인식 전환이 필요한 때입니다. 중독을 단순히 개인의 나약함으로 치부할 것이 아니라, 뇌의 질병으로 바라보아야 합니다. 중독자들에 대한 편견과 차별을 걷어내고, 따뜻한 시선으로 그들을 품어안아야 하겠습니다. 동시에 예방 교육과 치료 시스템을 강화하여, 중독의 위험에 노출된 이들을 보호하고 지원할 수 있어야 할 것입니다.

건강한
도파민 활성화로
중독 예방하기

중독의 늪에 빠지지 않으려면 건강한 도파민 활성화 전략이 필수적입니다. 우리 뇌의 보상 회로를 자극하되, 건강하고 긍정적인 방식으로 자극해야 합니다. 그렇다면 구체적으로 어떤 활동들이 도움이 될까요?

일상에서 쉽게 실천할 수 있는 건강한 도파민 활성화 방법으로는 규칙적인 운동, 창의적인 취미 활동, 의미 있는 사회적 교류, 명상과 마음챙김 등이 있습니다. 적절한 강도의 유산소 운동은 엔돌핀과 함께 도파민 분비를 촉진하여 기분을 향상시키고 스트레스를 해소하는 데 도움이 됩니다. 음악, 미술, 글쓰기 등 자신이 즐길 수 있는 창의적 활동에 몰입하는 것도 뇌의 보상 경로를 자극하는 훌륭한 방법입니다.

또한 사랑하는 사람들과 함께 보내는 시간, 봉사 활동 등 타인과 연결되는 경험은 옥시토신 분비와 함께 도파민 시스템을 건강하게 활성화할 수 있습니다. 명상과 마음챙김 연습은 내적 평화와 만족감을 높이고, 중독적인 행동 패턴에서 벗어나는 데 도움이 될 수 있습니다. 이러한 활동들을 통해 우리는 건강한 방식으로 즐거움과 보람을 느끼고, 중독의 위험에서 자신을 보호할 수 있습니다.

건강한 도파민 활성화를 위해서는 생활 습관 관리도 중요합니다. 균형 잡힌 식단, 충분한 수면, 스트레스 관리 등이 뇌의 건강한 기능 유지에 필수적입니다. 특히 규칙적인 식사와 영양가 높은 음식 섭취는 도파민과 세로토닌의 전구체인 아미노산 공급을 원활하게 하여 건강한 신경전달물질 생성을 도울 수 있습니다. 잠을 충분히 자는 것 역시 뇌의 정상적인 도파민 분비 리듬을 유지하는 데 도움이 됩니다.

중독 예방을 위해서는 회복탄력성과 대처 기술을 기르는 것도 매우 중요합니다. 스트레스 관리 기법을 익히고, 자기 자신과 건설적인 대화를 나누며, 문제 해결 능력을 향상시키는 노력이 요구됩니다. 어려움에 직면했을 때 주위의 지지체계를 적극 활용하는 것도 크게 도움이 될 수 있습니다. 가족, 친구 등 신뢰할 수 있는 사람들에게 솔직하게 자신의 상황을 털어놓고 조언과 지원을 구하는 것은 중독의 유혹을 이겨내는 데 큰 힘이 됩니다.

중독 예방과 관련하여 우리 사회의 다양한 자원과 프로그램을 적극 활용할 것을 권합니다. 지역사회의 중독 예방 교육, 자조 모임, 상담 서비스 등을 통해 중독의 위험성을 이해하고 건강한 대안을 모색할 수 있습니다. 온라인 자료와 모바일 앱 등도 유용한 정보와 도구를 제공합니다. 이러한 자원을 적극 찾아보고 필요할 때 도움을 요청하는 것이 중요합니다.

무엇보다 중독 문제의 조기 개입과 치료가 중요함을 강조하고 싶습니다. 중독 행동의 초기 징후를 인지하고 신속하게 대처하는 것이 문제의 확대를 막는 데 결정적입니다. 전문적인 평가와 근거 기반 치료를 통해 중독의 고리를 끊고 건강한 삶을 되찾을 수 있습니다. 이 과정에서 중독에 대한 사회적 편견을 해소하고 도움을 구하는 것에 대한 두려움을 극복하는 것이 선행되어야 할 것입니다.

중독 극복을 위한 대체 활동 찾기

중독 행동에서 벗어나 새로운 삶을 시작하는 일은 결코 쉽지 않습니다. 하지만 건강하고 보람 있는 활동을 통해 도파민을 자극한다면, 중독의 굴레에서 벗어나 더욱 충만한 인생을 살아갈 수 있습니다.

자연 속에서 신선한 공기를 마시며 걷는 하이킹이나 산책은 스트레스를 해소하고 마음의 평온을 되찾는 데 도움이 됩니다. 아름다운 풍경을 감상하고 자연의 소리를 듣노라면 어느새 기분이 좋아지고 활력이 샘솟는 것을 느낄 수 있습니다. 정원 가꾸기와 같은 원예 활동 또한 식물들의 생명력을 가까이에서 느끼며 성취감을 얻을 수 있는 좋은 방법입니다.

보람찬 봉사 활동도 건강한 도파민 자극에 효과적입니다. 어려운 이웃을 돕고 사회에 기여하는 일은 자존감을 높이고 삶의 의미를 되새기게 합니다. 타인의 행복에 기여하는 경험은 오히려 자신에게 더 큰 기쁨과 보람을 안겨줍니다. 이러한 나눔의 활동들은 긍정적인 에너지를 북돋우어 중독으로부터 벗어나는 원동력이 될 수 있습니다.

새로운 취미를 개발하여 몰입하는 것도 좋은 방법입니다. 악기 연주, 외국어 공부, 요리와 베이킹 등 배움의 즐거움을 느낄 수 있는 활동들은 도전 의식을 고취시키고 성취감을 맛보게 해줍니다. 독서나 글쓰기, 그림 그리기와 같은 창의적인 활동 역시 상상력을 자극하고 자기표현의 기회를 제공하여 정서적 안정감을 얻게 합니다. 이런 다채로운 경험들은 우리 삶을 한층 풍요롭게 만들어줍니다.

무엇보다 규칙적인 운동은 건강한 신체와 정신을 위해 필수적입니다. 밖에서 가볍게 조깅을 하거나 시원한 물속에서 수영을 즐기는 것만으로도 엔돌핀이 분비되어 기분 전환에 도움이 됩니다. 요가나 필라테스와 같이 심신을 단련하는 운동은 집중력 향상과 함께 내적 평화를 경험하게 해줍니다. 이렇게 꾸준한 신체 활동을 통해 중독의 늪에서 벗어나 활기찬 일상을 영위할 수 있습니다.

명상은 내면을 성찰하고 마음의 균형을 되찾게 하는 고요한 시간입니다. 복잡한 생각들로부터 잠시 벗어나 호흡에 집중하고 현재에 머무르는 연습은 스트레스를 완화하고 정신을 맑게 합니다. 매일 짧은 시간이라도 명상을 하는 습관은 삶의 질을 높이고 중독에 빠지지 않는 힘을 기를 수 있습니다.

이처럼 긍정적인 도파민 활성화를 위한 건강한 활동들은 우리 삶에 활력과 행복을 선사합니다. 하루하루 작은 실천을 통해 몸과 마음을 건강하게 가꿔나간다면, 누구나 중독의 굴레에서 벗어나 자신만의 빛나는 인생을 개척해 나갈 수 있습니다. 희망을 잃지 말고 꿋꿋이 나아가는 여러분을 응원합니다. 새로운 가능성의 문이 활짝 열릴 것입니다.

중독은 우리 삶의 큰 걸림돌이 되곤 합니다. 하지만 포기하지 마세요. 여러분 안에 무한한 잠재력이 있습니다. 건강한 도파민의 자극을 통해 그 힘을 깨워낸다면 앞으로 더 많은 꿈을 이뤄나갈 수 있을 것입니다.

도파민 중독
전문적 도움으로
극복하기

 도파민 중독에서 벗어나기 위해서는 전문적인 도움을 받는 것이 효과적인 방법입니다. 도파민 중독은 쾌락을 추구하는 활동에 몰두하고 강한 갈망을 느끼며, 금단 증상과 내성이 나타나는 등 삶의 다양한 측면에 부정적인 영향을 미치게 됩니다. 이러한 징후를 경험한다면 전문가의 도움을 받아 체계적으로 중독 문제를 해결해 나가는 것이 필요합니다.

 중독 치료에는 인지행동치료, 정신역동치료, 가족치료, 집단치료 등 다양한 치료적 접근법이 활용됩니다. 각각의 치료법은 중독의 근본 원인을 탐색하고, 사고와 행동 패턴을 변화시키며, 대인관계 및 의사소통 방식을 개선하는 데 도움을 줍니다. 또한 물질 남용, 진로 문제, 관계 갈등 등 중독과 연관된 구체적인 이슈를 다루는 전문적인 상담 프로그램도 제공됩니다.

입원 및 통원 치료, 직업 재활 등 집중적이고 포괄적인 중독 재활 프로그램은 회복을 위한 전문적이고 체계적인 지원을 제공합니다. 이러한 프로그램은 중독 행동을 교정하고 건강한 생활 방식을 습득하며, 재발을 예방하는 데 효과적입니다. 12단계 모임이나 중독 자조 모임 등 공통된 경험을 가진 사람들이 서로 지지하고 격려하는 환경 또한 회복 과정에서 큰 힘이 될 수 있습니다.

정신건강의학과 전문의를 통해 정확한 진단을 받고 필요한 경우 약물 치료를 병행하는 것도 중독 극복에 도움이 됩니다. 항우울제, 항불안제, 수면제 등의 약물은 중독으로 인한 정신적 고통을 완화하고 안정을 취하는 데 기여할 수 있습니다. 다만 약물 사용은 의사의 처방과 지도에 따라 신중하게 이루어져야 할 것입니다.

중독이나 정신건강 위기 상황에서는 상담 전화, 이동식 위기 대응팀, 응급실 등의 위기 개입 서비스를 통해 즉각적인 도움을 받을 수 있습니다. 지역사회 정신건강 센터는 예방, 조기 발견, 상담, 재활에 이르기까지 포괄적인 중독 관련 서비스를 제공하므로 적극적으로 활용할 필요가 있습니다. 최근에는 원격 영상 회의나 전화를 통한 비

대면 상담 및 치료 서비스도 확대되고 있어 시간적, 공간적 제약 없이 전문적인 도움을 받을 수 있게 되었습니다.

전문가를 선택할 때는 중독이라는 특수한 영역에 대한 전문성을 갖추고 있는지가 무엇보다 중요합니다. 관련 자격증을 보유하고 풍부한 임상 경험을 가진 전문가를 찾는 것이 도움이 될 것입니다. 또한 내담자의 개별적 특성과 선호에 맞는 상담 스타일과 접근 방식을 가진 전문가를 선택하는 것도 중요한 고려사항입니다.

회복 여정에서 전문가의 역할이 매우 중요하지만, 주변 사람들의 지지와 격려 또한 필수적입니다. 가족, 친구 등 신뢰할 수 있는 지지체계는 정서적 안정감을 제공하고, 희망을 북돋우며, 변화를 지속할 수 있는 원동력이 됩니다. 회복 과정에서 경험하는 어려움과 좌절을 함께 나누고 건강한 대안 활동을 모색하며 서로 격려하는 가운데 소속감과 연대감을 경험할 수 있습니다.

나아가 효과적인 중독 치료는 생활습관의 개선까지 아우르는 통합적 접근을 필요로 합니다. 규칙적인 운동은 자연스럽게 도파민을 활성화하고 스트레스를 해소하는 데 도움이 되며, 건강한 식단과 규칙적인 수면은 신체적, 정신적 회복력을 높이는 데 기여합니다. 이와 더불어 명상, 요가, 심호흡, 점진적 근육 이완 등 스트레스 관리 기법을 익히고 실천하는 것도 중독을 예방하고 건강을 증진하는 데 매우 중요합니다.

도파민이라는 신경전달물질은 쾌감, 동기, 행동 등에 많은 영향을 미치지만 지나친 각성은 오히려 중독이라는 위험에 빠뜨릴 수 있습니다. 그러나 전문적인 도움을 받고 일상에서 건강한 습관을 실천한다면 누구나 중독의 굴레에서 벗어나 행복하고 충만한 삶을 살아갈 수 있을 것입니다. 중독은 개인의 문제를 넘어 가족과 사회 전체의 고통으로 이어질 수 있습니다.

따라서 중독 문제를 겪고 있는 당사자뿐 아니라 가족과 지역사회가 함께 관심을 갖고 적극적으로 지원하며 편견 없이 대해야 할 것입니다. 무엇보다 중독은 치료가 가능한 질환이며, 회복하여 건강한 삶을 살아갈 수 있다는 희망을 잃지 말아야 합니다. 그 희망을 현실로 만들어가는 길에 전문가의 도움과 주변의 지지가 커다란 힘이 될 것입니다.

중독 예방과 극복을 위한 도파민 조절 Check-List

　도파민의 함정에 갇혀 허우적대던 한 젊은이가 있었습니다. 순간의 쾌락에 현혹되어 자신의 삶을 망가뜨리고 있다는 사실을 깨닫게 된 것입니다. 이제 그는 변화의 물꼬를 틀 수 있는 실마리를 찾고 있습니다. 하지만 그 여정이 결코 순탄치만은 않을 것임을 잘 알고 있습니다.

　중독의 덫에서 벗어나 진정한 자유를 되찾기 위해서는 무엇보다 자신만의 회복 계획을 세우는 것이 중요합니다. 우선 도파민 중독의 위험 요인을 파악하고, 이를 피할 수 있는 건강한 대처 방안을 모색해야 합니다. 생활 습관과 스트레스 요인을 꼼꼼히 점검하고, 이를 토대로 맞춤형 예방 전략을 수립하는 것이 필요합니다. 규칙적인 운동과 균형 잡힌 식단, 충분한 수면 등 기본적인 자기 관리에 충실하는 한편, 스트레스 관리 기술을 익히고 필요할 경우 전문가의 조언을 구하는 것도 도움이 됩니다.

무엇보다 회복의 여정에는 든든한 지지 시스템이 필수적입니다. 가족과 친구, 동료 등 주변 사람들에게 솔직하게 도움을 요청하세요.

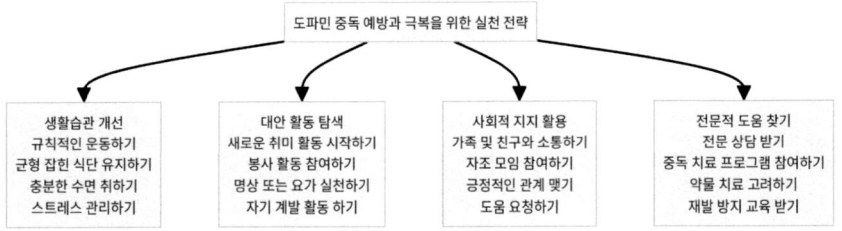

[댄스와 동작 치료 참여 전후의 뇌 도파민 분비 변화]

비슷한 어려움을 겪은 사람들과 함께하는 자조모임에 참여하여 서로 격려하고 용기를 북돋우는 것도 큰 힘이 됩니다. 새로운 인연을 맺는 것도 주저하지 마시기 바랍니다. 끈기 있게 관계를 발전시켜 나가는 노력이 중요합니다.

도파민 수치를 건강한 범위로 조절하고 전반적인 웰빙을 증진하기 위해서는 마음챙김과 스트레스 관리가 필수적입니다. 명상이나 호흡법, 점진적 근육이완법 등을 통해 내면의 평온을 되찾고, 스트레스 상황에서 한 걸음 물러서서 냉정을 되찾는 연습이 도움될 것입니다. 감사일기를 쓰거나 주위 사람들에게 고마움을 표현하는 습관은 긍정적인 정서를 함양하는 데 효과적입니다. 즐거움과 성취감을 주는 취미나 창의적 활동에 몰두하는 것 또한 스트레스 해소와 자기 성찰의 좋은 방법이 될 수 있습니다.

회복을 지속하기 위해서는 삶의 목적과 방향성을 분명히 하는 것이 중요합니다. 자신에게 정말 소중한 가치가 무엇인지 곰곰이 생각해 보고, 이를 바탕으로 구체적이고 실천 가능한 목표를 설정하세요. 큰 목표는 작은 단계로 세분화하여 집중력을 높이되, 상황 변화에 맞춰 유연하게 수정할 준비도 필요합니다. 작은 성취에도 자부심을 느끼며 꾸준함의 힘을 믿어주시기 바랍니다. 목표 달성의 기쁨을 주변과 함께 나누고 스스로에게 보상하는 것도 잊지 마세요.

인생은 예측 불가능한 도전의 연속입니다. 오르막과 내리막, 계곡과 절벽이 반복되는 험난한 지형도와도 같지요. 이 복잡다단한 지형을 잘 헤쳐나가기 위해서는 역경에 대처할 수 있는 회복탄력성과 강인한 적응력을 길러야 합니다. 이는 충실한 자기 돌봄과 건강한 습관 형성에서 비롯됩니다. 꾸준한 명상과 운동, 독서와 학습으로 몸과 마음을 단련하세요. 때로는 익숙한 영역을 벗어나 새로운 도전을 즐기는 열린 자세도 필요합니다. 도파민은 삶의 원동력이자 양날의 검과도 같습니다. 건강할 때는 우리를 목표로 이끄는 나침반이 되어주지만, 과도해지면 중독이라는 수렁으로 빠뜨리기도 합니다. 쾌락과 고통, 욕망과 좌절이라는 시소 게임에서 우리는 항상 선택의 기로에 서게 됩니다. 눈앞의 유혹에 쉽게 흔들리지 않으려면 먼저 내면에 숨어 있는 진정한 열망의 실체를 직시해야 합니다. 나를 움직이게 하는 원천적 동기가 무엇인지, 어떤 가치를 좇아 살고 싶은지 끊임없이 자문해 보아야 하는 것이지요. 이를 통해 삶의 나침반을 바로 세우고 구체적인 이정표를 세울 수 있을 것입니다.

때로는 우리 자신이 오롯이 믿고 기댈 만한 유일한 버팀목이 되어야 할 때가 있습니다. 약물이나 도박, 음란물 등에 의지하며 스스로를 착취하고 학대하는 이들에게 진심 어린 응원의 메시지를 전하고 싶습니다. 당신은 결코 혼자가 아닙니다. 수많은 동료들이 비슷한 아픔을 안고 치열하게 싸우고 있습니다. 두려워하지 말고 도움을 요청하세요. 당신의 곁에는 기꺼이 손을 내밀어줄 든든한 지원군들이 있습니다.

회복의 항해는 결코 순탄치 않습니다. 폭풍우가 몰아치고 암초가 도사리는 험난한 여정이 될 것입니다. 가끔은 길을 잃고 좌초할 수도 있습니다. 그럴 때마다 나침반을 꺼내 들여다보세요. 당신이 정말 소중히 여기는 꿈과 가치, 사랑하는 사람들을 떠올리며 새로운 희망을 품어보세요. 작은 성취와 행복에 감사하는 겸허한 자세로 하루하루를 살아가다 보면 어느새 따스한 햇살이 비칠 것입니다. 포근한 바람을 맞으며 환한 미소를 지어보세요. 그 미소야말로 당신이 온전히 빛날 수 있는 증거이자 약속입니다.

흔들리는 파도 위에서 균형을 잡아가는 서퍼처럼, 우리는 계속해서 삶의 역경에 맞서 싸워야 합니다. 때론 거친 파도에 휩쓸려 좌절하기도 하겠지만, 이내 다시 일어나 서핑보드 위로 올라서야 합니다. 우리 안에 내재된 도파민이라는 나침반을 지혜롭게 따라가다 보면 반드시 행복과 자유의 땅에 도달할 수 있으리라 확신합니다.

6장

행복 호르몬, 도파민을 깨워라

행복 호르몬 도파민을 깨워라

도파민은 우리의 잠재력을 깨우고 성공으로 이끄는 열쇠를 쥐고 있습니다. 도파민을 전략적으로 활성화함으로써 우리는 동기부여의 원천을 발견하고, 학습 능력을 향상시키며, 무한한 창의력을 발휘할 수 있습니다.

스트레스 관리는 도파민의 균형을 최적화하는 데 필수적입니다. 운동, 명상, 충분한 수면 등은 도파민 생성을 촉진하고 스트레스를 완화하는 데 도움이 됩니다. 단백질, 오메가-3, 비타민 D 등 도파민 증진 영양소가 풍부한 균형 잡힌 식단을 유지하는 것도 중요합니다. 이를 통해 우리는 최적의 도파민 기능을 위한 환경을 조성할 수 있습니다.

감사와 긍정적 사고는 도파민 자극에 큰 영향을 미칩니다. 감사 일기를 쓰거나 긍정적인 대화를 나누는 것은 도파민 분비를 촉진하는 습관입니다. 자기 자비와 격려의 내적 대화는 행복감을 높이는 데 기여합니다. 우리 삶의 축복에 초점을 맞추고 감사를 표현할 때, 우리는 도파민 수준에 직접적인 영향을 미치는 긍정 정서의 연쇄 반응을 일으킵니다.

몰입을 유발하는 활동에 참여하는 것은 도파민 상승에 큰 도움이 됩니다. 흥미로운 책에 빠져들거나 새로운 악기를 배우는 등 우리의 기술과 열정에 부합하는 활동에 전념할 때, 우리는 도파민이 풍부한 최적의 상태인 '몰입'에 이를 수 있습니다. 명확한 목표를 세우고 작은 성취를 경험하면서 꾸준히 노력하는 것은 도파민을 자극하고 동

도파민 활성화 전략	구체적 실천 방법
스트레스 관리	운동, 명상, 균형 잡힌 식단, 충분한 수면
감사와 긍정적 사고	감사 일기 쓰기, 긍정적 대화, 자기 자비
몰입 활동 참여	흥미로운 도전, 명확한 목표 설정, 작은 성취 경험
사회적 유대 강화	진솔한 소통, 긍정적 영향력 인정, 대면 기회 모색

기부여를 촉진합니다.

의미 있는 사회적 유대 관계를 발전시키는 것 또한 도파민 분비에 중요합니다. 마음을 터놓고 소통하고 서로의 긍정적인 영향력을 인정하는 것은 관계를 강화할 뿐만 아니라 도파민 분비를 자극합니다. 직접 대면하여 진솔한 대화를 나누는 기회를 적극적으로 모색함으로써 사회적 상호작용의 도파민 증진 효과를 극대화할 수 있습니다.

새로운 경험을 포용하고 평생 학습에 전념하는 것은 호기심과 학습 욕구를 자극하는 도파민 분비를 촉진합니다. 성장 마인드셋을 갖고 끊임없이 지식과 기술을 습득할 기회를 모색하는 것은 두뇌를 활성화하고 도파민 분비를 준비시킵니다. 창의력을 발휘하고 자신만의 독특한 방식으로 표현하는 활동에 참여하는 것 역시 도파민과 깊이 연관된 기쁨과 성취감을 불러일으킵니다.

이정표를 축하하고 새로운 지식과 기술을 습득하는 데서 오는 성취감을 음미하는 것은 평생 학습의 도파민 증진 효과를 한층 더 높여줍니다. 우리의 진척을 인정하고 자랑스러워하는 것은 동기부여와 참여를 지속시키는 선순환을 강화합니다.

[도파민 활성화 전략 : 새로운 경험]

스트레스 관리, 감사와 긍정적 사고, 몰입 활동, 사회적 유대, 평생 학습 등 도파민을 전략적으로 활성화함으로써 우리는 동기부여, 학습 능력 향상, 창의력 발현의 세계로 나아갈 수 있습니다. 이러한 실천들을 삶의 일부로 받아들일 때, 우리는 도전을 극복하고 열정을 따라 꿋꿋이 나아가며 궁극적으로 꿈꾸던 성공을 이룰 수 있는 힘을 얻게 될 것입니다.

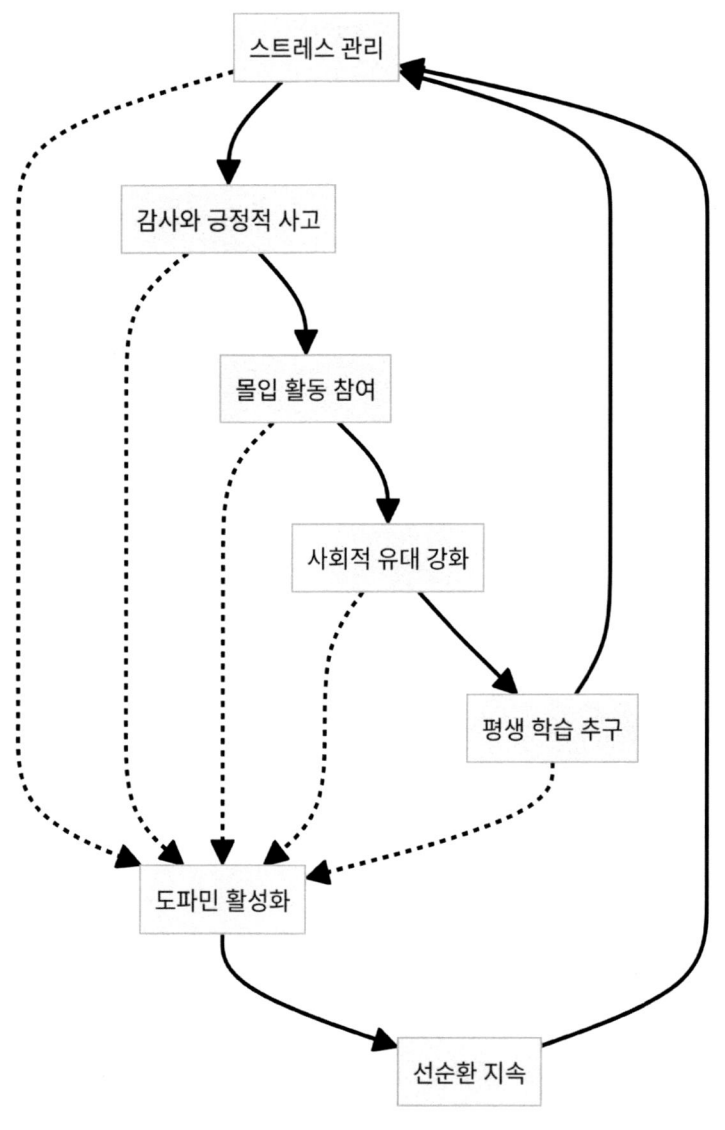

[도파민 활성화 선순환]

스트레스와 도파민의 역학관계

현대인들은 누구나 일상생활에서 크고 작은 스트레스를 경험하게 됩니다. 업무, 인간관계, 경제적 압박 등 다양한 요인들이 우리의 심신을 압박하죠. 이러한 스트레스가 만성화되면 심각한 건강 문제로 이어질 수 있다는 사실, 알고 계셨나요? 특히 스트레스는 우리 뇌의 신경전달물질인 도파민의 분비에 지대한 영향을 미칩니다. 과연 스트레스와 도파민은 어떤 관계가 있으며, 우리는 어떻게 대처해야 할까요?

급성 스트레스 상황에 직면하게 되면 교감신경계가 활성화되면서 에너지 대사가 촉진됩니다. 동시에 스트레스 호르몬의 일종인 코르티솔이 다량 분비되어 각성 상태를 유발하죠. 흥미롭게도 이 과정에서 뇌의 도파민 농도 역시 증가하게 됩니다. 증가된 도파민은 집중력과 동기부여 수준을 높여 위기 상황에 효과적으로 대처할 수 있도록 돕습니다. 일시적인 스트레스야 오히려 우리를 더욱 강인하게 만들어주기도 하는 셈이죠.

하지만 장기화된 스트레스, 이른바 '만성 스트레스'는 도파민 체계에 악영향을 끼치게 됩니다. 지속적인 스트레스로 인해 과도하게 생성된 코르티솔은 도파민을 생성하는 뇌 세포를 공격하여 그 기능을 저하시키곤 합니다. 결국 만성 스트레스에 시달리게 되면 우울감, 무

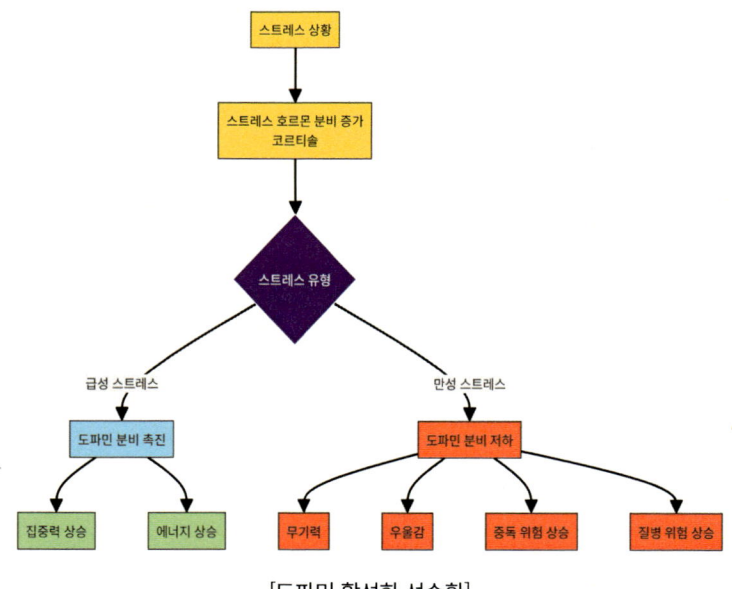

[도파민 활성화 선순환]

기력증, 중독 위험 등이 높아지게 되는 것이죠. 심지어 도파민 농도가 떨어지면서 면역력이 감소하여 질병에 노출될 가능성도 커집니다.

그렇다면 우리는 어떻게 해야 할까요? 해답은 현명한 스트레스 관리에 있습니다. 규칙적인 운동, 균형 잡힌 식단, 충분한 수면을 취하는 것이 기본이 되겠죠. 여기에 더해 자신만의 취미활동을 즐기고 소중한 사람들과 즐거운 시간을 갖는 것도 큰 도움이 됩니다. 때로는 묵상이나 요가, 명상을 통해 내면의 평화를 되찾아보는 것도 좋은 방법입니다. 이러한 건강한 생활 습관들은 몸과 마음의 항상성을 유지하는 데 기여함으로써 스트레스로 인한 부작용을 최소화할 수 있습니다.

물론 극심한 스트레스나 정서적 고통으로 인해 일상생활이 어려워진다면 전문가의 도움을 받는 것을 주저하지 말아야 합니다. 심리상담이나 정신과 치료를 통해 근본적인 스트레스 요인을 파악하고 건강한 대처 전략을 세울 수 있기 때문입니다. 또한 필요하다면 의사와 상의하에 적절한 약물치료를 병행하는 것도 고려해 볼 만합니다. 어떤 상황이든 전문가와 솔직하게 소통하며 적극적으로 협력하는 자세가 중요할 것입니다.

한편 스트레스에 대한 우리의 인식을 전환하는 것도 필요합니다. 스트레스를 온전히 피할 수는 없겠지만, 우리는 그것을 잘 다스리며 오히려 성장의 발판으로 삼을 수 있습니다. 도전과 역경 속에서 배움의 기회를 발견하고, 작은 성취감과 만족감을 느끼며 내적 성장을 이뤄가는 것이죠. 실제로 스트레스 상황을 슬기롭게 극복해내는 경험은 도파민 분비를 자극함으로써 자존감과 회복탄력성을 높이는 데 기여합니다. 앞으로도 닥칠 수많은 스트레스에 좌절하지 않고 당당히 맞설 수 있는 힘을 길러주는 셈이죠.

창의성의 발현을 위해서라도 스트레스 관리는 필수적입니다. 과도

[현명한 스트레스 관리 : 건강한 식단]

한 스트레스는 사고의 경직성을 초래하여 유연하고 혁신적인 발상을 가로막곤 합니다. 반면 적절히 통제된 스트레스 상황은 뇌를 자극하여 창의적 아이디어를 떠올리게 하기도 하죠. 압박감 속에서 빛나는 영감을 얻었다는 예술가들의 사례를 어렵지 않게 찾아볼 수 있습니다. 중요한 것은 스트레스를 자신의 역량 범위 내에서 긍정적으로 승화시키는 지혜를 갖추는 일입니다. 우리 삶에 스트레스는 피할 수 없는 일부일지 모릅니다. 그러나 우리에겐 그것을 잘 다스릴 수 있는 힘과 지혜가 있음을 잊지 말아야 할 것입니다. 무엇보다 내면의 도파민을 사수할 수 있도록 일상 속 작은 실천들을 꾸준히 이어가는 것이 중요하겠죠. 건강한 생활 습관, 스트레스 대처 전략, 전문가와의 협력을 통해 우리는 스트레스와의 전쟁에서 승리할 수 있을 것입니다. 나아가 역경을 성장의 기회로 승화시키는 지혜로운 삶의 자세야말로 진정한 행복으로 우리를 이끌어 줄 것입니다.

마음챙김과 명상으로 도파민 깨우기

시작이 반이라는 말이 있듯이, 새로운 습관을 들이기 위해서는 작은 실천부터 시작하는 것이 중요합니다. 하루에 단 5분이라도 좋으니 마음챙김 명상을 해보는 것은 어떨까요? 조용한 장소에 앉아 눈을 감고 자신의 호흡에 집중하는 것만으로도 차분해지고 몸과 마음이 안정되는 경험을 하실 수 있을 것입니다.

호흡에 집중하면서 자연스럽게 떠오르는 생각과 감정을 그저 지켜보세요. 좋은 생각, 나쁜 생각을 구분하거나 판단하지 않고 그저 인지하는 것입니다. 마치 구름이 하늘을 지나가듯 생각이 떠오르고 사라지게 내버려 두는 연습이 필요합니다. 처음에는 어렵고 낯설 수 있지만 매일 꾸준히 명상 시간을 가진다면 어느새 차분하고 맑은 마음 상태를 경험하게 될 것입니다.

마음이 한결 가벼워진 것 같지 않나요? 이것이 바로 마음챙김 명상이 주는 위대한 선물입니다. 산만한 생각으로 혼란스러웠던 마음이 고요해지면서 본연의 평온함을 되찾게 되는 것이죠. 나아가 스트레스와 불안, 우울과 같은 부정적 감정도 서서히 누그러지는 것을 느낄 수 있습니다.

이는 명상이 전두엽의 활성화를 촉진하고 스트레스 호르몬인 코르티솔의 분비를 감소시켜주기 때문입니다. 또한 집중력 향상에 관여하는 도파민 시스템의 기능도 향상되어 업무 효율성과 목표 달성 능력도 점차 높아지게 됩니다. 명상은 우리 뇌의 긍정적인 변화를 이끌어내는 놀라운 훈련인 셈이지요.

이처럼 마음챙김 명상은 단순히 심리적 위안을 주는 것을 넘어, 뇌의 구조와 기능을 근본적으로 변화시켜 우리를 행복한 삶으로 이끕니다. 자존감과 긍정성이 높아지고, 창의력과 문제 해결력도 향상되는 것을 경험하실 수 있을 것입니다. 무엇보다 삶의 진정한 의미와 방향성을 깨닫는 통찰력을 얻게 될 것입니다. 매 순간 자신의 내면에 귀 기울이며 있는 그대로의 모습을 받아들이는 연습. 이것이 바로 마음챙김의 정수입니다. 때로는 고통스러운 감정도 만나게 되겠지만,

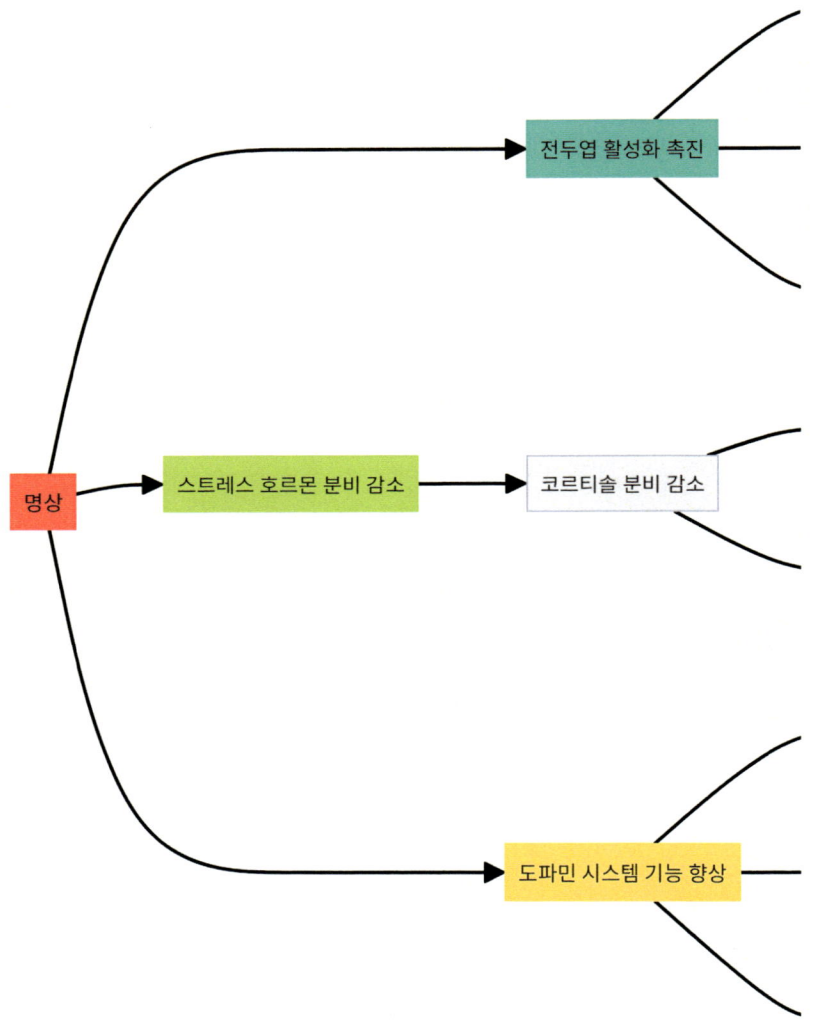

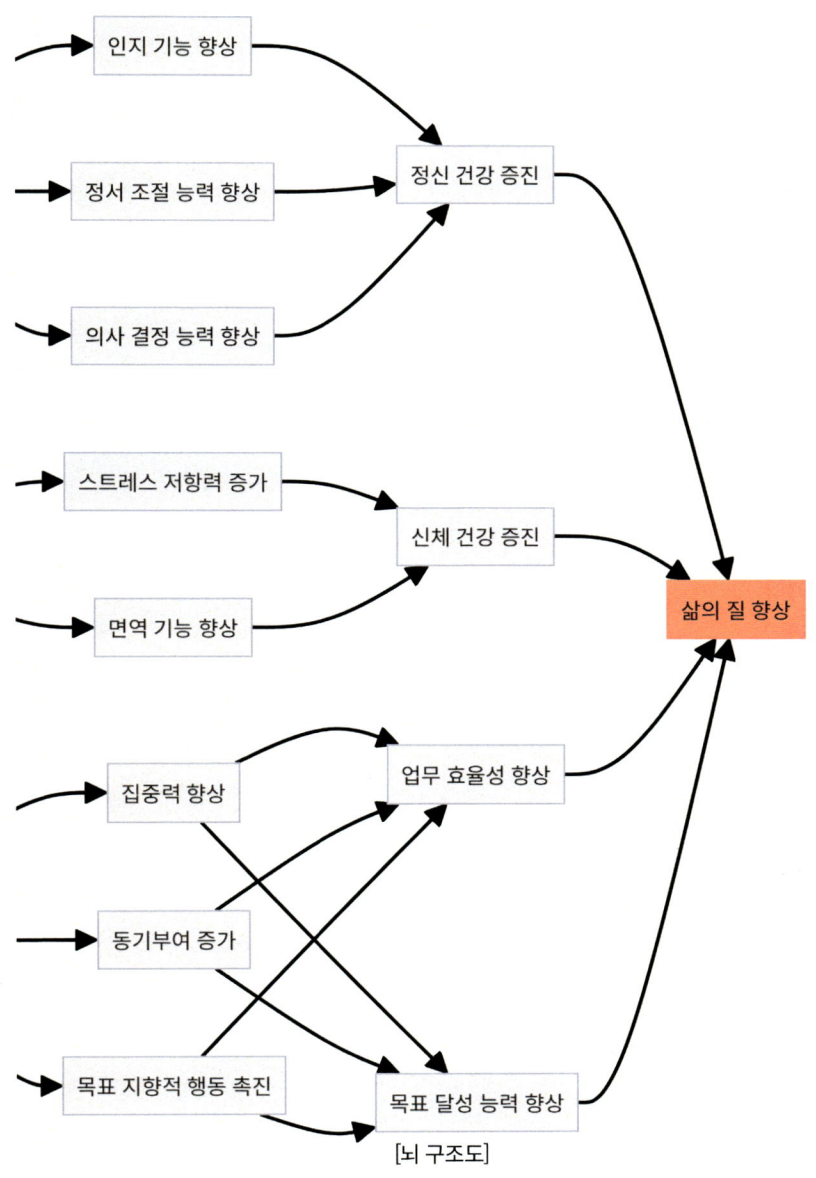

[뇌 구조도]

그 모든 것이 자신을 성장시키는 소중한 과정임을 깨닫게 될 것입니다. 그렇게 깊어지는 자기 이해와 수용은 타인에 대한 깊은 공감으로도 이어집니다.

가끔은 일상에서 벗어나 자연 속에서 명상을 실천해보는 것도 좋습니다. 숲속을 거닐며 발걸음에 집중하고, 나뭇잎 흔들리는 소리에 귀 기울여보세요. 자연의 웅장한 기운 안에서 마음이 한없이 넓어짐을 느낄 수 있을 것입니다. 내면의 평화가 온 우주와 공명하는 경이로운 체험. 이는 오랜 명상 수행의 결실이기도 합니다.

하지만 명상의 진정한 목적은 고요한 명상방석을 떠나 일상으로 돌아왔을 때에도 마음챙김의 자세를 유지하는 것에 있습니다. 매 순간 깨어있는 알아차림과 집중력은 우리가 하는 모든 일에 긍정적인 힘을 불어넣어 주기 때문입니다. 대화할 때 상대방의 말에 온전히 귀 기울이고, 책을 읽을 때 깊이 몰입하며, 사색에 잠길 때 번뜩이는 통찰을 얻을 수 있게 됩니다.

이런 일상의 마음챙김을 실천하는 가운데 우리는 진정 행복하고 충만한 삶을 살아갈 수 있는 힘을 얻게 될 것입니다. 순간순간 집중하는 삶, 내면의 깊은 평화와 조화를 이루는 삶. 그것이 바로 마음챙

[자연 속 명상]

김 명상이 우리에게 가르쳐주는 지혜로운 삶의 자세인 것입니다.

혹시 인생의 어려움과 고민으로 지쳐 계신다면, 지금 바로 고요히 눈을 감고 깊은 숨을 내쉬어 보시기 바랍니다. 찰나의 고요 속에서 우리 안에 내재된 평화와 지혜, 사랑을 만나게 될 것입니다. 바로 그것이 우리 모두가 꿈꾸는 행복한 삶의 시작이자 끝이니까요.

자, 이제 가만히 앉아 호흡을 따라가 보세요. 들숨과 날숨, 그 고요한 흐름 속에 몸과 마음을 맡기는 것입니다. 모든 근심과 걱정, 욕심과 번뇌가 서서히 사라지고 말끔히 비워지는 평온함을 느껴보세요.

그대로의 자신을 온전히 받아들이는 깊은 위안과 평화로움. 명상은 우리에게 그런 위대한 선물을 줍니다.

더 나아가 타인을 향한 연민과 자비의 마음도 서서히 피어오르는 것을 경험하실 수 있을 것입니다. 고통 받는 모든 존재들을 따뜻한 눈길로 바라보며 그들의 아픔을 공감할 수 있는 깊이 있는 사랑. 그것이 수 천년간 인류를 이끌어온 명상의 지혜이자 행복의 비결이기도 합니다.

우리는 살아가면서 수많은 감정의 풍랑을 만납니다. 기쁨, 슬픔, 분노, 절망... 그 모든 감정을 마음챙김의 자세로 맞이할 때 우리는 결코 휩쓸리거나 방황하지 않을 것입니다. 언제나 내면의 평화로운 닻이 우리를 단단히 붙들어 줄 테니까요. 그렇기에 매일 명상의 시간을 갖는 일은 그 무엇과도 바꿀 수 없는 소중한 습관이 될 것입니다.

인생의 파도 속에서 요동치는 마음을 어루만지는 가장 현명한 방법. 그것이 바로 마음챙김 명상의 힘입니다. 지금 이 순간에도 우리 안에는 고요한 바다가 존재합니다. 그 깊고 푸른 평화 앞에 모든 고민과 걱정이 사라지고 오직 생명의 경이로움만이 남아 있습니다. 그 고요 속에서 우리는 우리 자신과 세상을 맑고 깊이 있게 바라볼 수 있습니다. 자신과 타인, 자연의 아름다움을 발견하고 일체감을 느낄 수 있지요. 바로 그 경지가 진정한 행복과 깨달음의 세계입니다. 때로는 고된 마음 수련의 과정에 의심과 좌절이 찾아올 수도 있습니다. 하지만 꾸준히 마음챙김의 길을 걸어가다 보면 어느 순간 눈부신 깨달음의 순간과 만나게 될 것입니다. 그때의 환희와 자유로움, 사랑의 축복은 이루 말할 수 없을 것입니다. 우리 모두 기꺼이 그 경이로운 길에 도전해 보는 것은 어떨까요?

웰빙을 위한 생활습관과 도파민의 비밀

건강한 삶을 영위하는 데 있어 생활습관이 차지하는 비중은 상당히 크다고 할 수 있습니다. 그중에서도 규칙적인 운동과 균형 잡힌 식단은 우리 몸과 마음의 건강을 지키는 가장 기본적이면서도 효과적인 방법입니다. 이는 단순히 체력을 기르고 면역력을 높이는 차원을 넘어, 뇌 기능 전반에 긍정적인 영향을 미치는 신경전달물질인 도파민의 분비를 촉진하는 데에도 큰 역할을 합니다.

도파민은 기분 조절, 의욕, 학습, 기억력 등 다양한 영역에서 핵심적인 기능을 담당하고 있습니다. 따라서 도파민의 활성화는 정신적인 안정감과 만족감을 높이고, 스트레스 대처 능력을 향상시키는 등 삶의 질 전반에 긍정적인 변화를 가져올 수 있습니다. 이처럼 중요한 도파민을 일상에서 끌어올리기 위해서는 규칙적인 운동과 영양가 높은 식단을 통한 생활습관의 개선이 필수적이라 하겠습니다.

운동은 신체 활동을 통해 도파민 분비를 직접적으로 자극하는 가장 확실한 방법 중 하나입니다. 적당한 강도의 유산소 운동을 하는 동안에는 다량의 도파민이 분비되면서 상쾌함과 만족감을 느낄 수 있습니다. 또한 꾸준한 운동은 도파민 수용체의 민감도를 높이는 효과도 있어, 평소에도 도파민 활성도가 높은 상태를 유지하는 데 도움이 됩니다. 운동의 종류로는 걷기, 조깅, 수영, 사이클링 등 자신이 즐겁게 할 수 있는 유산소 운동을 선택하는 것이 좋습니다.

균형 잡힌 식단 또한 도파민 생성에 필요한 기본 재료를 제공한다는 점에서 매우 중요합니다. 도파민 합성의 주요 재료가 되는 아미노산 타이로신은 단백질이 풍부한 식품에 다량 함유되어 있습니다. 견과류, 콩류, 달걀, 생선 등의 양질의 단백질 식품을 적절히 섭취하는 것이 도파민 활성화에 도움이 될 수 있습니다. 이와 함께 바나나, 아보카도와 같은 과일에도 타이로신이 들어 있어 간식으로 즐기기에 알맞습니다.

생활습관의 개선을 통한 도파민 활성화가 지속적인 효과를 발휘하기 위해서는 규칙성과 꾸준함이 무엇보다 강조됩니다. 일주일에 3

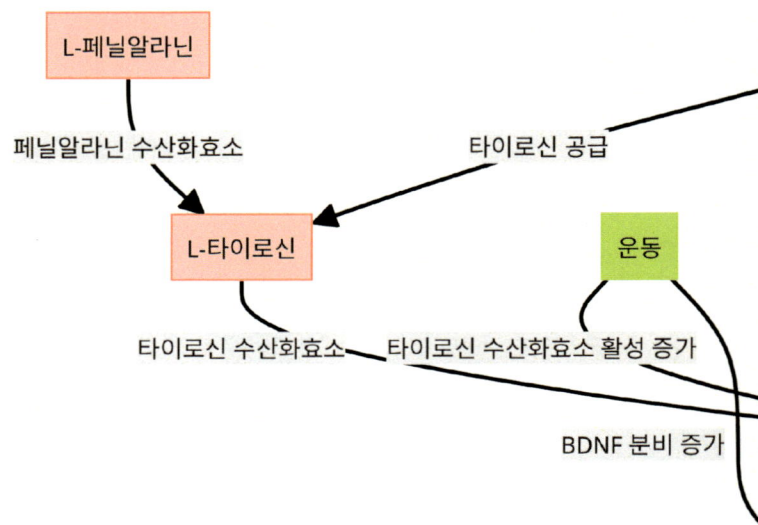

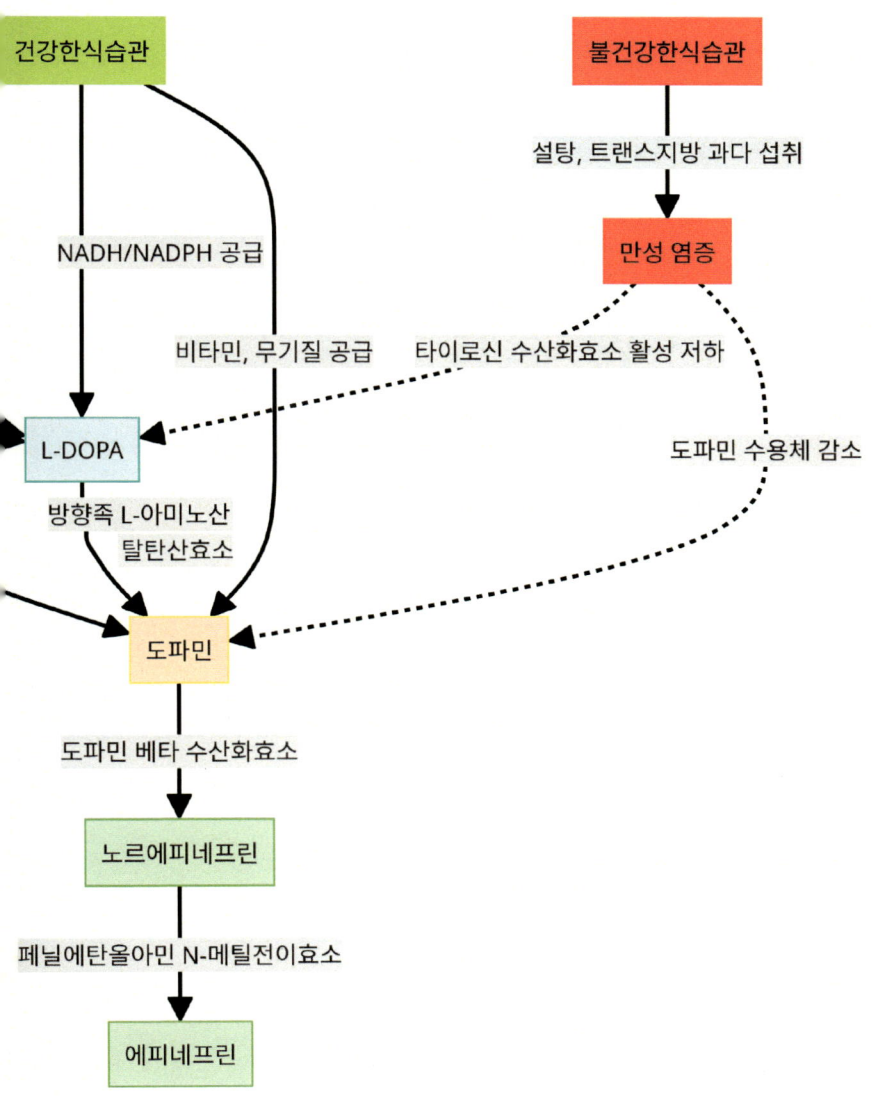

[도파민의 생성 경로와 운동, 식습관의 영향]

회 이상, 하루 30분 이상의 운동을 습관화하고, 매 식사에서 편중되지 않은 영양소 구성을 유지하려는 노력이 필요합니다. 처음에는 다소 낯설고 어려움이 따르겠지만, 작은 실천들이 모여 건강한 생활 리듬을 만들어 갈 수 있습니다. 시간이 흐르면서 몸과 마음이 점차 새로운 습관에 적응해 나가는 자신을 발견하게 될 것입니다.

도파민 활성화를 위한 생활습관 개선은 무척 사소해 보이는 일상의 변화에서부터 시작됩니다. 아침에 일어나기 어려울 때는 하루를 시작하는 자신만의 목표와 의미를 되새겨 보는 것이 도움이 될 수 있습니다. 마음속으로 스스로에게 격려와 응원의 메시지를 건네 보세요. 이는 작지만 강력한 도파민 자극이 되어 활기찬 하루의 시작을 열어줄 것입니다.

 반복되는 일상에 식상함을 느낄 때에는 스스로에게 동기를 부여하는 즐거운 자극을 찾아보는 것이 효과적입니다. 운동할 때 좋아하는 음악을 듣거나, 점심시간에 상쾌한 공원 산책을 하는 등 일상에 긍정적 요소를 가미해 보세요. 이러한 소소한 활동들이 주는 즐거움 그 자체가 도파민 증진에 기여할 수 있습니다. 나아가 취미 생활이나 자기계발 활동에 몰두하면서 만족감과 성취감을 느끼는 것 역시 도파민 활성화에 큰 도움이 됩니다.

사회적 관계로
도파민
충전하기

 사람은 사회적 동물이라고 불립니다. 우리는 타인과의 유대감을 통해 행복과 안정을 얻으며, 서로 간의 상호작용은 삶의 원동력이 됩니다. 이러한 관계 속에서 우리 뇌의 도파민 시스템은 활성화되어 즐거움과 만족감을 선사합니다.

 진실한 소통과 공감은 건강한 관계 형성의 핵심 요소입니다. 상대방의 이야기에 귀 기울이고, 그들의 감정을 이해하려 노력하는 태도는 서로 간의 신뢰를 쌓는 데 도움이 됩니다. 약속을 성실히 이행하고, 거짓 없이 마음을 나누는 것 또한 돈독한 유대감을 형성하는 촉매제가 됩니다. 더불어 미소, 눈맞춤, 호의적인 말투 등 긍정적 비언어적 표현은 교감을 촉진하여 뇌내 도파민 분비를 자극합니다.
 분만 아니라 공통의 활동을 통해 우리는 일체감을 경험하고 결속력을 다질 수 있습니다. 운동, 문화생활, 여가활동, 봉사 등 다채로운 경험의 공유는 끈끈한 관계 형성에 일조합니다. 함께 땀 흘리고, 웃고, 느끼는 과정에서 우리의 유대는 더욱 깊어지며, 이는 풍부한 도파민 분비로 이어집니다. 나아가 동반 성장을 도모하는 건설적 피드백과 지지, 격려 또한 스트레스를 완화하고 안정감을 선사하여 관계 내 긍정적 변화를 이끕니다.

감사야말로 인간관계에 활력을 불어넣는 요체라 할 수 있습니다. 고마운 마음을 언어와 행동으로 표현하는 습관은 상호 간의 정서적 교감을 촉진하고, 삶의 의미와 행복을 배가시킵니다. 감사 일기, 서신, 포옹 등 다양한 방식을 통해 우리는 감사를 일상에서 실천할 수 있습니다. 이는 개개인의 정신적 건강 증진과 함께, 생생한 도파민 활성화로 이어져 관계의 질적 향상에 기여합니다.

우리는 용서와 긍정적 시각을 통해 마음의 평화를 되찾고, 관계의 회복과 발전을 도모할 수 있습니다. 상처와 아픔을 딛고 일어서는 관용의 자세, 상대방의 입장에서 세상을 바라보는 유연한 사고는 부정적 감정을 해소하고 새로운 희망을 선사합니다. 이는 궁극적으로 자아 성찰과 성장의 계기가 되어, 보다 성숙하고 행복한 인간관계로 나아가게 합니다.

사회적 관계망을 넓히는 것 또한 삶의 질 향상에 도움이 됩니다. 취미, 동호회, 커뮤니티 활동 등을 통해 새로운 인연을 만나고, 다양한 가치관과 경험을 공유하며 우리는 성장합니다. 친구, 가족을 넘어 폭넓은 교류의 장을 마련함으로써 풍성한 자극과 깨달음을 얻을 수 있습니다. 이는 창의력과 적응력 향상으로 이어져, 개인의 역량 강화와 함께 사회성 발달에도 기여합니다. 더불어 주변인들에게 선한 영향력을 발휘하는 것은 자존감 향상과 보람으로 다가옵니다. 어려운 이들을 돕고, 사회에 공헌하는 나눔의 실천은 개인의 만족감을 고취할 뿐만 아니라, 세상을 밝히는 희망의 메시지가 됩니다. 이러한 선행은 주는 이와 받는 이 모두에게 감동과 기쁨을 선사하며, 삶의 의미와 행복을 일깨웁니다.

관계 속에서 우리는 때로 상처받기도 하고, 좌절하기도 합니다. 그러나 진정한 사랑과 우정은 어려움 속에서도 서로를 붙잡아 주는 힘이 됩니다. 혼자서는 버티기 힘든 고통도, 가까운 이들의 지지와 연대 속에서는 극복할 수 있는 용기를 얻게 됩니다. 나아가 관계의 위기를 슬기롭게 헤쳐나가는 과정은 개개인의 회복탄력성을 높이고, 성숙한 인격체로 발돋움하게 합니다.

결국 사회적 유대 속에서 우리는 소속감과 안녕을 경험하고, 삶의 희노애락을 함께 나눕니다. 진실한 교감과 돌봄은 우리 안에 잠재된 사랑의 힘을 일깨우고, 내적 성장을 이끕니다. 상호 존중과 신뢰를 바탕으로 타인과 더불어 살아가는 태도야말로 개인과 공동체 모두의 행복과 번영을 가능케 하는 원동력이 될 것입니다.

관계 속에서 우리 각자가 베푸는 사랑과 선의는 아름다운 공명으로 피어나, 세상을 밝히는 등불이 됩니다. 혼자서는 미약할지 모르나, 모두가 힘을 보태면 우리는 어떤 역경도 이겨낼 수 있습니다. 그 속에서 피어나는 연대의 힘, 사랑의 메시지는 보다 따뜻하고 살만한 세상을 만드는 희망의 씨앗이 됩니다.

건강한 사회적 관계 속에서 우리는 정서적 안정과 행복, 자아실현의 토대를 마련할 수 있습니다. 긍정적 상호작용을 통해 활성화되는 도파민은 우리 삶에 환희와 보람을 선사하며, 어려움을 이겨내는 원동력이 됩니다. 진정성 있는 만남과 교감 속에서 우리는 내적 성장을 이루고, 온전한 사람으로 거듭날 수 있습니다.

행복 증진을 위한 도파민 활용 Check-List

도파민은 우리의 기분과 만족감을 좌우하는 중요한 신경전달물질로, 이를 효과적으로 활용한다면 일상의 행복 지수를 높일 수 있습니다.

첫째, 감사 일기를 작성하는 습관을 들입시다. 매일 저녁 잠들기 전, 그날 있었던 감사한 일을 세 가지 이상 적어보세요. 사소한 일상의 기쁨부터 큰 성취까지, 감사할 거리를 떠올리며 하루를 마감하는 것만으로도 뇌의 보상 회로가 활성화됩니다. 이는 긍정적인 정서를 강화하고 삶의 만족도를 높이는 데 도움이 됩니다.

둘째, 유쾌한 웃음을 자주 내보세요. 좋아하는 코미디 영화를 보거나 재미있는 에피소드를 친구들과 공유하며 즐겁게 웃는 시간을

활동	효과 설명
운동	신체 활동을 통해 도파민 수치 증가, 에너지 및 기분 개선
명상	스트레스 감소, 마음의 평화 증진 및 집중력 향상
창의적 활동	새로운 아이디어와 프로젝트 창출, 정신적 만족도와 자기 표현 증진
감사 연습	긍정적 사고 증진, 인간관계 개선 및 삶의 만족도 향상
건강한 식사	영양소 균형이 잘 잡힌 식사로 도파민 생성 지원
음악 감상	음악의 리듬과 멜로디가 정서적 안정 및 즐거움 제공
충분한 수면	규칙적이고 질 좋은 수면으로 뇌 건강 유지 및 도파민 수준 정상화
사회적 교류	친구, 가족과의 긍정적인 상호작용으로 기분 향상 및 스트레스 감소

[도파민을 높이는 6가지 활동]

가집시다. 웃음은 스트레스 해소에 탁월할 뿐 아니라 행복감을 증진하는 신경전달물질인 도파민, 세로토닌, 엔도르핀의 분비를 촉진합니다. 웃음 치료는 우울감을 덜어주고 면역력도 높여주니 일석이조의 효과를 누릴 수 있습니다.

셋째, 자연과 어울려 보세요. 주말이나 휴일을 이용해 근교의 숲이나 공원을 찾아 여유로이 거닐어봅니다. 초록의 나뭇잎과 상쾌한 공기, 땅을 밟는 발걸음의 감촉을 온몸으로 느껴보세요. 자연의 힐링 에너지는 부교감신경을 안정시키고 이완을 촉진합니다. 동시에 도파민 분비가 활성화되어 기분 전환에 효과적입니다. 자연과의 교감은 심신의 재충전을 돕는 최고의 방법 중 하나입니다.

넷째, 나눔을 실천하며 보람을 느껴보세요. 어려운 이웃을 위한 자원봉사나 기부 활동에 참여해봅니다. 길 잃은 반려견을 보호하고 주인을 찾아주는 일, 독거노인 가정에 도시락을 배달하는 일 등 타인을 위한 작은 실천들은 마음에 뿌듯함을 선사합니다. 뿐만 아니라 뇌의 보상회로를 자극하여 도파민이 솟구치게 하죠. 무조건 큰 봉사가 아니어도 좋습니다. 주변 사람들에게 따뜻한 말 한마디, 달콤한 선물 하나로도 충분합니다.

다섯째, 소소한 성취와 진척을 축하하는 습관을 가져봅니다. 할 일 목록을 작성하고 달성한 과제 옆에 체크 표시를 하는 것만으로도 정신이 맑아지고 뿌듯해집니다. 어려운 도전을 극복했을 때는 더욱 큰 보람을 느끼게 되죠. 이러한 긍정의 감정들은 보상계와 직결되어 도파민을 분출시킵니다. 따라서 사소한 결실도 가볍게 여기지 말고 자축하는 태도가 중요합니다.

여섯째, 적절한 수면과 운동으로 생활 리듬을 바로잡습니다. 규칙적인 수면 패턴을 유지하고 매일 30분 이상 적당한 강도의 운동을 하는 것은 건강한 하루를 위한 필수 조건입니다. 숙면을 취하면 뇌가 재정비되고 도파민 시스템이 원활히 돌아갑니다. 또한 꾸준한 운동은 행복 물질 분비를 촉진할 뿐 아니라 집중력, 기억력 향상에도 도움을 줍니다. 건강한 신체가 건강한 정신을 만든다는 사실을 잊지 맙시다.

일곱째, 흥미로운 취미 활동을 시작해보세요. 새로운 악기 다루기, 외국어 공부, 가드닝, DIY 공예 등 즐겁게 몰입할 수 있는 활동을 찾아봅니다. 관심사에 깊이 빠져드는 일은 뇌에 긍정적 자극을 주고 스트레스를 해소하는 데 일등공신입니다. 무엇보다 창의력, 성취감이 고양되고 도파민 시스템이 활성화되어 활력과 만족이 높아집니다. 주 2-3회 이상 취미 시간을 가져 삶의 균형을 잡아보세요.

여덟째, 마음챙김 명상을 통해 뇌를 정화하고 긍정의 힘을 되찾습니다. 조용한 공간에 앉아 지금 이 순간 나의 감각과 생각, 감정에 집중하는 시간을 갖습니다. 숨쉬기에 초점을 맞추고 자연스레 떠오르는 잡념은 그냥 지나가도록 둡니다. 매일 10분씩이라도 꾸준히 명상을 하다 보면 마음이 맑아지고 스트레스가 줄어드는 것을 체감하게

활동	주요 실천 사항	체크
감사 일기 작성	매일 저녁 감사한 일 세 가지 이상 적기	☐
웃음 치료	주 1회 이상 코미디 영화/쇼 시청	☐
	친구들과 재미있는 이야기 공유	☐
자연과의 교감	주말이나 휴일에 근교 숲이나 공원 방문	☐
나눔과 봉사 활동	지역 사회 봉사활동 참여	☐
	주변 사람들에게 따뜻한 말 전달하기	☐
소소한 축하	할 일 목록 작성 후, 달성한 과제 체크	☐
규칙적인 수면과 운동	매일 같은 시간에 잠자리에 들기	☐
	주 3회 이상 30분 이상 운동하기	☐
취미 활동	새로운 취미 찾기 또는 기존 취미에 몰두	☐
	주 2-3회 취미 시간 갖기	☐
마음챙김 명상	매일 10분씩 명상하기	☐
버킷리스트	인생의 버킷리스트 작성하고 실행하기	☐

[도파민 촉진 활동 체크리스트]

될 것입니다. 이는 전두엽의 활성화로 이어져 정서 안정과 자기 통제력을 높여줍니다.

마지막으로 인생의 버킷리스트를 작성하고 하나씩 실행에 옮겨봅니다. 꼭 이루고 싶은 소망과 목표들을 구체적으로 적어보세요. 리스트를 눈에 잘 띄는 곳에 붙여두고, 주말이나 휴가 때마다 하나씩 도전해봅니다. 버킷리스트 실천은 삶에 성취와 재미, 의미를 부여합니다. 동시에 강력한 동기부여가 되어 도파민을 자극하고 희망을 북돋아 줍니다. 인생의 소중한 순간순간을 마음껏 즐기며 행복을 만끽하시기 바랍니다.

지금까지 총 9가지의 도파민 활용 체크리스트를 살펴보았습니다. 감사일기, 웃음치료, 자연교감, 나눔실천, 성취 축하, 규칙적 생활습관, 취미활동, 명상, 버킷리스트 실행까지. 이 모든 것이 결코 거창하거나 어려운 일은 아닙니다. 일상 속 작은 실천들의 힘이 모여 우리를 더 밝고 충만한 삶으로 이끌어줄 것입니다.

마치며

도파민이 우리 삶의 다양한 영역에서 중추적인 역할을 한다는 사실을 깨달았을 때, 새로운 세상이 열리는 듯한 느낌이 들지 않으셨나요? 이 책을 통해 동기부여, 학습, 창의성, 중독, 행복 등 삶의 핵심 주제들과 도파민의 관계를 탐구하며, 뇌과학이 밝힌 도파민의 비밀을 활용하여 자신의 잠재력을 발휘할 수 있는 실용적인 전략들을 만나보셨습니다.

특히, 도파민을 활성화하는 구체적인 방법들을 통해 목표 달성을 위한 동기를 부여받고, 학습의 효과를 극대화하며, 창의력의 샘을 틔우는 경험을 하셨길 바랍니다. 또한, 도파민 중독의 위험성을 인지하고 건강한 도파민 활용법을 습득함으로써 중독의 늪에서 벗어나는 지혜를 얻으셨기를 희망합니다. 무엇보다 도파민을 우리 삶의 항로를 밝히는 등대로 삼아, 스트레스를 이겨내고 진정한 행복을 누리는 방향으로 나아갈 수 있는 힘을 얻으셨기를 바랍니다.

이제 여러분 스스로가 '도파민 마스터'가 되어, 매일의 삶 속에서 도파민을 현명하게 활용할 차례입니다. 책에서 소개한 다양한 실천 과제들을 일상에 적용해 보세요. 감사 일기 쓰기, 자연 속에서 시간 보내기, 새로운 취미 활동 시작하기 등의 작은 실천들이 어느새 여러분의 뇌를 건강하게 만들고, 삶의 질을 향상시키는 놀라운 변화를 가져올 것입니다.

또한, 주변의 소중한 사람들과 이 책에서 얻은 통찰과 지혜를 나누는 것도 잊지 마세요. 함께 도파민의 비밀을 탐구하고 실천할 때, 우리는 더 큰 시너지를 만들어 낼 수 있습니다. 서로 격려하고 지지하며, 도파민 넘치는 건강하고 행복한 삶을 향해 함께 전진해 나가세요.

도파민은 우리 안에 숨어있는 무한한 잠재력의 열쇠입니다. 뇌과학의 지혜를 통해 이 열쇠를 현명하게 활용할 때, 우리는 인생이라는 놀라운 모험을 더욱 가슴 벅차게 즐길 수 있을 것입니다. 앞으로도 도파민과 함께 성장하고 진화하는 여러분의 모습을 응원하겠습니다. 지금까지 '도파민 혁명'과 함께 해주신 여러분께 감사드리며, 뇌과학이 밝힌 도파민의 비밀을 통해 찬란한 미래를 만들어 가시기를 진심으로 기도합니다.

도파민 혁명

뇌 과학이 밝힌 행복과 성공의 10가지 비밀

발 행　2024년 6월 14일 초판 1쇄 발행
저 자　이 기 훈
발행처　클레버니스
발행인　조 성 준
주 소　서울특별시 은평구 갈현로 11길 46
전 화　010-2993-3375
팩 스　02-2275-3371
등록번호　제 2024-000045호
등록일자　2024년 5월 9일
ISBN　979-11-987770-0-3 (03190)
정 가　18,000원

※ 이 책은 저작권법에 의해 보호를 받는 저작물로 무단 전재나 복제를 금지하며,
※ 이 책 내용의 전부 또는 일부를 이용하려면 반드시 저작권자나 발행인의 서면동의를 받아야 합니다.
※ 파본 및 낙장은 구입하신 서점에서 교환하여 드립니다.